النافورة

An-nafura A1, Lengua Árabe.

Aguilar Cobos, J. David.
García Castillo, Alejandro.
Jódar Jódar, Andrés.
Peña Agüeros, Miguel Ángel.
Pérez Miñano, Manuela.

Albujayra

An-nafura A1, Lengua Árabe.

Autores:
Aguilar Cobos, J. David.
García Castillo, Alejandro.
Jódar Jódar, Andrés.
Peña Agüeros, Miguel Ángel.
Pérez Miñano, Manuela.

Coordinación editorial y redacción:
Albujayra SL.

Diseño, maquetación y edición:
Albujayra SL.

Ilustraciones:
Paco Quirosa.

Colaboradores:
Victor Mabtoun.

Agradecimientos:
A Sabri Saleem, director del Centro Yemení de Lenguas, por acogernos en su centro en donde se realizó parte de esta obra.
A aldadis.com y a todos aquellos que de una u otra forma, han colaborado.

Queda prohibida cualquier forma de reproducción, distribución, comunicación pública y transformación de esta obra sin contar con la autorización de los titulares de la propiedad intelectual. La infracción de los derechos mencionados puede ser constitutiva de delito contra la propiedad intelectual.

ISBN: 978-84-611-8226-8 Depósito legal: AL-2362-2007
Impreso en España por Gráficas Andalusí.
2ª Edición corregida, octubre de 2008.

Albujayra

Apartado de Correos 171.
04080 Almería.
www.albujayra.com
albujayra@albujayra.com

© De las Ilustraciones: Paco Quirosa.
© De la obra completa: Albujayra SL.

النّاقورة . .

تشكيلة كبيرة من جنسيات ذات ثقافة عربية (مغاربة، جزائريون، تونسيون، لبنانيون، سوريون، إلخ..)، بالإضافة إلى ثقافات أخرى تستعمل العربية كلغة متداولة في الشؤون الدينية والقانونية (الأتراك، الفارسيون، الأفغان..) وكثير من المسلمين الملتزمين يتعايشون في أوروبا. ولهذا السبب، اختير هذا المجال لتطوير معظم الأحداث التي تؤديها شخصيات هذا المنهج، فهو يعطينا سياقا حقيقيا تندمج في إطاره هذه التعددية.

هذا المنهج موجَّه إلى الطلبة الذين يرغبون في تعلم العربية بهدف تواصلي. إنها لغة عربية معاصرة معيارية تسلط الضوء على التواصل اليومي. شخصيات المنهج تنتمي إلى دول عربية مختلفة، لكي يتعود الطالب على اللكنات المختلفة، مع أن ما سيسمعه هو لغة عربية معيارية معاصرة. من جهة أخرى، فقد قمنا بالتمييز بين العربية المعيارية المعاصرة المطبوعة التواصلية والتي من حيث اللفظ، هي نفسها التي يؤديها أي مذيع محترف في أي وسط إعلامي عام، وبين العربية المعيارية المتخففة إعرابيا، التي يتكلمها ناطق عربي متعلم، يحترم بنية اللغة المعيارية، لكن دون أن يلفظ حركات الإعراب، مع الاحتفاظ بخاصِّيات محلية.

المنهج يتفق مع المستوى الأول (A1) للإطار المرجعي الأوروبي الموحد للغات ويُتَصوَّر إعطاؤه في خلال ١٦٠ ساعة دراسية، بالإضافة إلى ١٥٠ ساعة، مخصَّصة للتهييء والمراجعة من طرف الطلاب.

ما يسعى إليه هذا المنهج هو ألاَّ يقول الطالب أي شيء لم يسبق له أن سمعه، وألاّ- يكتب أي شيء لم يسبق له أن قرأه. الطالب يسمع ويتعلم المصطلحات الجديدة عن طريق السمع (لهذا السبب، النصوص السمعية لم تُكتب في متن الدرس). فيما يلي، تتم المحادثة لتطبيق المعلومات الجديدة. نقرأ بعد ذلك، ونرى مكتوبة المصطلحات التي قد تعلمناها، وأخيرا، نكتب ما قد تعلمنا من قبل أن نقول ونقرأ.

في كل درس، توجد جوانب محددة تُعنى بالصوتيات وقواعد الإملاء، للمضي في الاهتمام بمسائل نظنها ذات صعوبة خاصة، والتي من المناسب أن نشرع في تبسيطها وتوضيحها. بالإضافة إلى ذلك، تحضر جوانب ثقافية تتعلق بالحياة اليومية. ليست ثقافة بمعناها الواسع: الأدب، الفن، إلخ..، بل هي، بكل بساطة، تعلم كيفية التصرف (في موقف معين).

في الملحقات الأخيرة، ندرج بطاقات بقواعد اللغة، مسردا بمصطلحات المنهج والنصوص المنقولة للسمعيات.

شكرا باسم كل سكان النافورة.

مضامين الدروس.

الدرس ٠: مرحبا.

الموضوع:

- التقديم.

الوظائف:

- الترحيب.
- السلام.
- الرد على السلام.
- التوديع.

المضامين المعجمية - الموضوعية:

- مصطلحات للقسم.
- مفردات لغوية أساسية (مهارات)ز
- التحيات والوداع.

المضامين الاستطرادية:

المضامين الاجتماعية - الثقافية والاجتماعية - اللغوية:

- اللغة الإيمائية: السلام بوضع اليد على القلب.

المضامين اللغوية:

الصوتيات وقواعد الإملاء:

- نظام الكتابة: جار من اليمين إلى اليسار.
- تصوير خطي / كتابي للصوتيات والأصوات.
- أصوات الأبجدية وصوتياتها.

مضامين الدروس.

الدرس ١: من أنت؟

الموضوع:

- التعريف الشخصي.

الوظائف:

- التعريف الذاتي.
- التوديع.
- طلب المعلومات.
- التقديم الذاتي.
- قبول دعوة.

- التفاعل مع من يقوم بالتقديم.
- التعبير عن الموافقة.
- التحية والرد.
- تقديم الشكر.
- الترحيب.

المضامين المعجمية - الموضوعية:

- التعريف الشخصي.
- الإيميل.
- الاسم.

- الجنس والحالة المدنية.
- رقم الهاتف.
- الجنسية والمنشأ.

المضامين الاستطرادية:

- ما..؟
- من..؟

- من أين..؟

المضامين الاجتماعية - الثقافية والاجتماعية - اللغوية:

- تقديم الضمير «أنا».
- اختلاط الجنسيات، التعدد والتعددية الثقافية.

المضامين اللغوية:

- الجنسية - النسبة.
- الضمائر المتصلة.
- الضمائر المنفصلة.
- المذكر والمؤنث.

- حرف جر.
- النكرة والمعرفة.
- الجملة الاسمية التي يكون فيها الخبر اسما.
- الأعداد (١ - ١٠).

الصوتيات وقواعد الإملاء:

- الحروف الشمسية والقمرية. أداة التعريف في أول الكلام.
- كتابة الأعداد الهندية (الشرقية).

مضامين الدروس.

الدرس ٢: بيتي بيتك.

الموضوع:

- الموقع في الفضاء.

الوظائف:

- طلب المعلومات.
- إعطاء المعلومات.
- طلب التأكيد.
- وصف البيت.

المضامين المعجمية - الموضوعية:

- السكن، المكان والمحيط.
- الأثاث وأدوات البيت.

المضامين الاستطرادية:

- هل..؟
- أين..؟
- كيف..؟
- يا..

المضامين الاجتماعية - الثقافية والاجتماعية - اللغوية:

- حمام - دورة المياه: تفريق المجالات في الحمام ووجود صنبور عند المرحاض.
- غرفة الضيوف: مجال مهيأ لاستقبال الضيوف.
- خلع الحذاء: في أماكن الجلوس سجادة أو بساط للجلوس بدون حذاء، في الأماكن الخاصّة بالعائلة وفي تلك الخاصّة بالضيوف.

المضامين اللغوية:

- اسم المكان.
- الجملة الاسمية التي يكون فيها الخبر شبه جملة.
- ضمائر الإشارة.
- ظرف المكان.

الصوتيات وقواعد الإملاء:

- نطق أداة التعريف وسط الكلام.

مضامين الدروس.

الدرس ٣: هذه عائلتي.

الموضوع:

- العائلة.

الوظائف:

- التوديع.
- وصف العائلة.
- الاعتذار.
- التعريف بالآخرين.

- الدعوة.
- التقديم / التقديم الذاتي.
- التفاعل مع من يقوم بالتقديم.

المضامين المعجمية - الموضوعية:

- أفراد العائلة.

المضامين الاستطرادية:

- أليس..؟ بلى / كلا.

المضامين الاجتماعية - الثقافية والاجتماعية - اللغوية:

- ما شاء الله. صيغة للتعبير عن الفرح أو الابتهاج.
- عدم الاختلاط بين الجنسين.
- أم سليم / أبو سليم. اختلافات للهجة الخاصة في اللغة.

المضامين اللغوية:

- اسم المكان.
- الجملة الاسمية التي تدل على الملكية:
للولد كتاب / الولد له كتاب.

- الجملة الاسمية النافية (ليس).
- المثنى / الجمع.
- الإضافة.

الصوتيات وقواعد الإملاء:

- قيمة النطق المتواصل في الجملة الاسمية.
- ابن / بن.

مضامين الدروس.

الدرس ٤: أخيرا عندي عمل.

الموضوع:

- المهن.

الوظائف:

- عرض تقديم المساعدة.
- التطوع لفعل شيء ما.
- العرض.
- المنع أو الرفض.

- الاقتراح.
- الاستئذان لوقت معين.
- الاعتذار.

المضامين المعجمية - الموضوعية:

- المهنة.
- العمل (الحياة الدراسية).
- الأعداد إلى ١٠٠.

المضامين الاستطرادية:

- على كل حال.
- على فكرة.

- ماذا..؟
- كم..؟

المضامين الاجتماعية - الثقافية والاجتماعية - اللغوية:

- الصيغ التي تستعمل للتوجّه بالكلام إلى شخص ما وهو عامل أو لتوديعه، تختلف بين منطقة المغرب ومنطقة المشرق.

المضامين اللغوية:

- معنى الأسماء على وزن «فَعَّال».
- معنى الأسماء على وزن «فَاعِل».

- الجملة الاسمية التي يكون الخبر فيها جملة فعلية.
- الفعل الذي يدل على الحاضر.

الصوتيات وقواعد الإملاء:

- ج / ي.
- في الإملاء: لا تُستخدم أبدا لا الواو ولا الياء في بداية الكلمة كحرفين صائتين.

مضامين الدروس.

الدرس ٥: العقل السليم في..

الموضوع:

- الجسم والحالات النفسية.

الوظائف:

- الوصف.
- التعبير عن المعرفة وعدم المعرفة.
- السؤال عن الأحاسيس.
- التعبير عن الحالات النفسية والأحاسيس.

المضامين المعجمية - الموضوعية:

- أعضاء الجسم.
- الحالة الجسدية والنفسية.

المضامين الاستطرادية:

- إنّ..

المضامين الاجتماعية - الثقافية والاجتماعية - اللغوية:

- السلام بإعطاء الكوع، بدل اليد، إذا كانت هذه غير نظيفة. أيضا في حالة التأهب للصلاة، بعد القيام بالوضوء.
- لا سلام على طعام.

المضامين اللغوية:

- معنى الأسماء على وزن «فَعْلان».
- معنى الأسماء على وزن «فَعِيل».
- معنى الأسماء على وزن «أَفْعَل».
- المثنى.
- مطابقة النعت والمنعوت.
- الجملة الفعلية.

الصوتيات وقواعد الإملاء:

- ق / ك.
- ل + ا = لا.

مضامين الدروس.

الدرس ٦: كلّ يوم.

الموضوع:

- الأنشطة اليومية.

الوظائف:

- الدعوة.
- القيام بالعرض.
- التطوع للقيام بشيء ما.
- الإخبار والإعلان.
- عرض تقديم المساعدة.
- قبول دعوة أو عرض.
- رفض دعوة.
- الترحيب.
- الاعتذار.

المضامين المعجمية - الموضوعية:

- في البيت.
- في العمل.
- في المركز التربوي.

المضامين الاستطرادية:

- بعد ذلك..
- عند = في
- عند - لـ - مع
- ثمّ..
- من بعد..

المضامين الاجتماعية - الثقافية والاجتماعية - اللغوية:

- عادة متوسطية: نوم القيلولة.
- تقسيم اليوم حسب أوقات الصلاة.
- اختلاف مفهوم نهاية الأسبوع: السبت والأحد / الخميس والجمعة.
- عادة عربية: الجلوس في المقهى و/ أو تدخين النرجيلة / الشيشة.

المضامين اللغوية:

- أيام الأسبوع.
- ظرف زمان.
- الجملة الفعلية: الفعل + الفاعل.

الصوتيات وقواعد الإملاء:

- ه / ح / خ.

مضامين الدروس.

الدرس ٧: تنزيلات.

الموضوع:

- المركز التجاري: اللباس، البيت والنظافة الجسدية.

الوظائف:

- التدارك، التصحيح أو الإيضاح.
- التهنئة بشراء شيء ما.
- الاهتمام بشيء معين.
- جذب الاهتمام.
- إعطاء أمر.
- طلب شيء ما.
- التعبير عما يعجبنا أو لا يعجبنا.
- إعطاء النصيحة.
- طلب الرأي.

المضامين المعجمية - الموضوعية:

- اللباس.
- الأثمنة، النقود وطرق الدفع.
- أدوات للبيت وللنظافة الجسدية.
- المحلات.
- عمليات أساسية.

المضامين الاستطرادية:

- أما.. فـ..
- لا.. بل..
- لماذا..؟ لأنّ..
- بصراحة..
- كم / بكم..؟
- في حاجة إلى..
- أليس..؟ / ألا..؟

المضامين الاجتماعية - الثقافية والاجتماعية - اللغوية:

- تعابير مستعملة عند شراء أو استخدام شيء لأول مرة.
- عملات عربية.

المضامين اللغوية:

- المصدر.
- الأمر.
- الجملة الفعلية المنفية.
- العدد ١١ - ١٠٠٠ . مطابقة مفرد / جمع.
- مطابقة جمع العاقل وغير العاقل.

الصوتيات وقواعد الإملاء:

- ش / ج.
- أ + ا = آ.
- مائة = مئة.
- ترنيم نطق الجملة الاستفهامية المنفية: ألا..؟ / أليس..؟

مضامين الدروس.

الدرس ٨: ليلة أحلامك.

الموضوع:

- في الفندق.

الوظائف:

- التعبير عن السعادة أو الاستياء.
- الإعراب عن التفضيل.
- السؤال عن الأهداف أو الخطط.
- التعبير عن النية أو الرغبة في القيام بشيء ما.

المضامين المعجمية - الموضوعية:

- الفندق والسكن.
- الأمتعة.
- الوثائق.

المضامين الاستطرادية:

- قد + مضارع.
- حتّى..

المضامين الاجتماعية - الثقافية والاجتماعية - اللغوية:

- بيانات في وثائق التعريف.

المضامين اللغوية:

- الأرقام الترتيبية.
- غير + اسم.
- سـ + مضارع.
- المضارع بعد حروف النصب.
- أفعال الإرادة: أريد / أود / أفضل أنْ..

الصوتيات وقواعد الإملاء:

- د / ذ.
- الشدّة.

مضامين الدروس.

الدرس ٩: برّا بحرا وجوّا.

الموضوع:

- سافرت.

الوظائف:

- التأكد من أن الكلام مفهوم.
- الاهتمام بشيء قد حدث في الماضي.
- الإخبار والإعلان عن حدث في الماضي.
- التعبير عن رأي ما.

المضامين المعجمية - الموضوعية:

- إيجاد الاتجاه (الجهات الأربعة).
- وسائل النقل.

المضامين الاستطرادية:

- قد + ماضي.

المضامين الاجتماعية - الثقافية والاجتماعية - اللغوية:

- صيغ للتعبير عن تمنّي سفر سعيد.
- كرم الضيافة في البلدان العربية.
- استعمال تاكسي جماعي.

المضامين اللغوية:

- الماضي.
- أفعال الظن.

الصوتيات وقواعد الإملاء:

- ت / ط.
- كتابة لـ + م.

مضامين الدروس.

الدرس ١٠: فاكهة طازجة.

الموضوع:

- في السوق.

الوظائف:

- إعطاء أمر (أو النهي).
- طلب شيء ما.
- الاقتراح.
- قبول طلب.
- رفض طلب.

- الإعراب عن التفضيل.
- السؤال عن الأذواق والاختيارات.
- طلب الإذن.
- إعطاء الإذن.

المضامين المعجمية - الموضوعية:

- سوق ممتاز.
- محلات للأغذية في السوق.

- مأكولات ومشروبات.

المضامين الاستطرادية:

- اسمح لي.
- سامحني.

- لو سمحت.
- التفضيل على.

المضامين الاجتماعية - الثقافية والاجتماعية - اللغوية:

- المساومة.

المضامين اللغوية:

- الماضي والمضارع والمصدر للأفعال المزيدة.   - لا النافية للجنس.
- استعمال (ة) لصياغة اسم الوحدة.

الصوتيات وقواعد الإملاء:

- س / ص.
- كتابة الهمزة في بداية الكلمة.

مضامين الدروس.

الدرس ١١: شهيّة طيّبة.

الموضوع:

- في المطعم.

الوظائف:

- الدعوة.
- عرض شيء ما.
- طلب شيء ما.
- طلب الرأي.
- الاقتراح.
- قبول دعوة أو عرض.
- رفض دعوة أو عرض.
- التعبير عن القبول.
- التعبير عن الرفض.

المضامين المعجمية - الموضوعية:

- المأكولات والمشروبات.
- المطعم.

المضامين الاستطرادية:

- ممنوع التدخين.
- لا أرغب في..
- في رأيي..
- بالنسبة لـ..

المضامين الاجتماعية - الثقافية والاجتماعية - اللغوية:

- عدم الاختلاط بين الجنسين.
- في المشرق، ليس من المعتاد الشرب خلال الأكل.
- حلال.

المضامين اللغوية:

- الماضي والمضارع والمصدر للأفعال المزيدة.
- لا الناهية.
- الجملة الفعلية: الفعل + الفاعل + المفعول.

الصوتيات وقواعد الإملاء:

- د / ض.
- كتابة الهمزة في وسط الكلمة.

مضامين الدروس.

الدرس ١٢: نجحنا والحمد لله.

الموضوع:

- التعليم.

الوظائف:

- التعبير عن النية أو الرغبة في عمل شيء ما.
- طلب النصيحة.
- السؤال عن الأهداف أو الخطط.
- التقديم أو التقديم الشخصي بشكل رسمي.
- التفاعل مع التقديم.
- التعبير عن التقدير.
- طلب الإيضاح أو الشرح من شخص ما.
- السؤال عن اللوازم والاحتياجات.
- الجواب على اللوازم والاحتياجات.

المضامين المعجمية - الموضوعية:

- الدراسة.

المضامين الاستطرادية:

- ممكن.
- الفاء السببية.
- لو / إذا..
- و / فـ..
- لم.. بعد.

المضامين الاجتماعية - الثقافية والاجتماعية - اللغوية:

- بنى تعليمية تعكس تأثير الاستعمار الإنجليزي أو الفرنسي.

المضامين اللغوية:

- اسم الفاعل.
- الفعل الذي يدلّ على المستقبل.
- لا النافية للجنس.
- لا أحد / ليس.
- لا / لم + مضارع.
- ما + ماض.
- لن + مضارع.

الصوتيات وقواعد الإملاء:

- ذ / ظ.
- كتابة الهمزة في آخر الكلمة.

الدرس .. مرحبا.

الوظائف:
- الترحيب.
- السلام.
- الرد على السلام.
- التوديع.

مرحبا .

ما هذا؟ - مثلا - اكتب/ اكتبي الجملة - اقرأ/ اقرئي المثال - قل/ قولي الكلمة - اسمعوا.

مرحبا.

الاستماع

القراءة

القول

الكلام

الكتابة

١.- ضع علامة على الجواب المناسب.

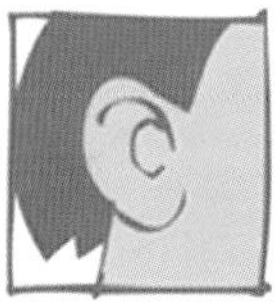

١.- ما اسم المرأة؟ فاطمة – مريم – منى.
٢.- ما اسم الرجل؟ سمير – كارلوس – مرسيل.
٣.- كيف يسلّم الرجل؟ أهلا – السلام عليكم – مرحبا.
٤.- كيف تودّع المرأة؟ الله معك – إلى اللقاء – مع السلامة.

كيف الحال؟
بخير والحمد لله.

مرحبا .

٢.ـ استخرج حروف الأبجدية.

مرحبا. انظروا إليَّ، اسمي لطيفة وأنا عربية من الجزائر. لي أخوان. هذه مدينتي وهذه بنايتي أنا أسكن في الطابق الثاني. لي كثير من الأصدقاء. هم يتكلّمون اللغة العربية وأستضيفكم لتعلّم اللغة العربية معنا. شكرا وإلى اللقاء.

أ						
ب	ت					
ث	ج	ح				
خ	د	ذ	ر			
ز	س	ش	ص	ض		
ط	ظ	ع	غ	ف	ق	
ك	ل	م	ن	ه	و	ي

الدرس ١. مَنْ أنْتَ؟

الوظائف:

- التعريف الذاتي.
- التوديع.
- طلب المعلومات.
- التقديم الذاتي.
- قبول دعوة.
- التفاعل مع من يقوم بالتقديم.
- التعبير عن الموافقة.
- التحية والرد.
- تقديم الشكر.
- الترحيب.

من أنتَ؟

١.- اسمع وأجب. ٥

- ضع علامة في المكان المناسب.

	نعم	لا
١.- الرجل من أمريكا.	☐	☐
٢.- المرأة من المغرب.	☐	☐
٣.- هي متزوّجة.	☐	☐
٤.- هو متزوّج.	☐	☐

تعلم
شكرا > عفوا

ما..؟
مَن..؟
مِن أين..؟

الأرقام

1	2	3	4	5	6	7	8	9	0
١	٢	٣	٤	٥	٦	٧	٨	٩	٠

٧٣٢ ٢٥

٨٢ ٤١٩ ٣٨ ١٤

٩٥٨ ٥٠ ١٠٨

من أنتَ؟

٢
٧
٥
٤
٣
١
٩
٦
٨

٢.- تكلم.

- اسأل زميلك عن رقم تليفونه.
- اسأل زميلك عن:

١.- الاسم.

٢.- الجنسية.

٣.- الحالة المدنية.

من مصر
← مصريّ
← مصريّة

الحالة المدنية			
أعزب	متزوّج	مطلّق	أرمل
عزباء	متزوّجة	مطلّقة	أرملة

٣.- اقرأ.

أوروبا:

إسبانيا – فرنسا – ألمانيا – البرتغال – اليونان إيطاليا – بريطانيا.

البلدان العربية:

المغرب – الجزائر – تونس – سوريا – لبنان – اليمن فلسطين.

من أنتَ؟

مِن من المغرب

٤.ـ اسمع واكتب.

ـ اسمع الحوارات التالية.

ـ اكتب.

الجنسية	البلد
	فرنسا
	المغرب
	إسبانيا

الجنسية	البلد
سورية	
	مصر

الجنسية	البلد
	تونس
ليبيون	
	إيطاليا

٥.ـ الصوتيات: اقرأ بصوت مرتفع.

صوتيات
الكِ
الكّ

التليفون ــ المرأة ــ الجزائر ــ الجنسية ــ الإمارات ــ السعودية ــ اللقاء الاسم ــ الرجل ــ المغرب ــ العراق ــ الكويت ــ الصومال ــ الأردن.

من أنتَّ؟

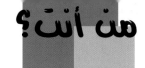

٦.ـ انظر الى الصّورة واقرأ.

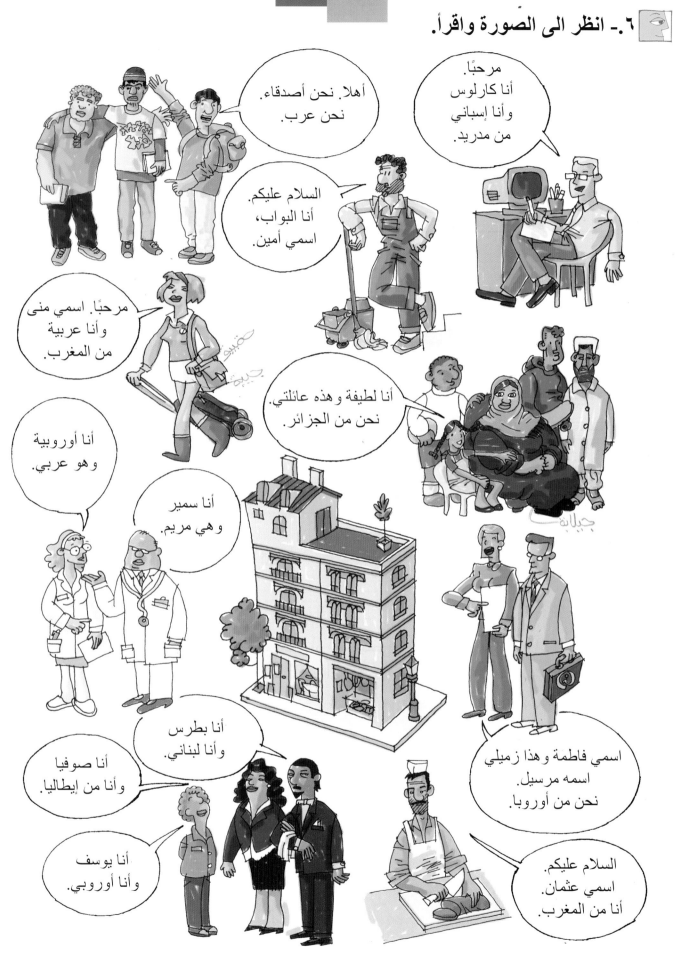

من أنت؟

٧.- اسأل زميلك من أين هؤلاء الأشخاص.

كارلوس – لطيفة – منى – فاطمة – مرسيل – سمير
مريم – عثمان – بطرس – صوفيا – يوسف.

مثال: ← من أين كارلوس؟ ← هو من إسبانيا.

٨.- اكتب "رجل" أم "امرأة". وأضف اسمين إلى القائمة.

كارلوس		مريم	
لطيفة		عثمان	
منى		بطرس	
فاطمة		صوفيا	
مرسيل		يوسف	
سمير		أمين	

٩.- اربط بين البلد واللغة.

١ الفرنسية
٢ الصينية
٣ الروسية
٤ الإنكليزية

تونس
إيطاليا
إسبانيا
الصين
روسيا
ألمانيا
بريطانيا
فرنسا
مصر
المغرب

٥ الألمانية
٦ الإيطالية
٧ العربية
٨ الإسبانية

نحن = أنا وأنت

من أنتَ؟

١٠.- وثائق.

١.- املأ هذه الاستمارة.

٢.- صمّم بطاقة تعريف.

١

CARTA INTERNACIONAL DE EMBARQUE / DESEMBARQUE
INTERNATIONAL EMBARKATION / DISEMBARKATION CARD
بطاقة عالمية للوصول أو المغادرة
ESPAÑA
MINISTERIO DEL INTERIOR DIRECCION GENERAL DE LA POLICIA

ENTRADA / ARRIVAL / ARRIVÉE / بطاقة دخول

En letras mayúsculas/In capital letters/En lettres capitaux/يرجى إملاء البطاقة بأحرف كبيرة وواضحة

*Apellidos / Surname / Nom / اللقب (إسم الأب والعائلة)

*Nombre / Given names / Prenom / الاسم الشخصي

*Fecha de nacimiento / Date of birth / Date de naissance / تاريخ الولادة

*Lugar de nacimiento / Place of birth / Lieu de naissance / مكان الولادة

*Nacionalidad / Nationality / Nacionalité / الجنسية

*Dirección en España / Address in Spain / Adress en Espagne / العنوان في إسبانيا
(Calle y nº) / (No. and street) / (No. et rue) / (إسم ورقم الشارع إسم المنطقة)

*Ciudad / City / Ville / إسم المدينة

*Pasaporte nº / Passport No. / Passeport no. / رقم جواز السفر

يوسف بن الناصر.
الاسم الكامل
صندوق البريد ٦٠٩
العنوان
القاهرة. **مصر.**
المدينة البلد

٠٠٩٥٨١٢٣٥٨٧
التليفون / الهاتف
٠٠٩٥٨١٠٣٥٩١
الفاكس
yusef@fanus.com.eg
إيميل / البريد الإلكتروني
www.fanus.com.eg
الموقع الإلكتروني

٢

١١.- طابق بين الأسئلة والأجوبة.

- هل أنت إسباني؟	- لا أنا مصري.
- من أين هي؟	- اسمي خوان.
- من هو؟	- لا أنا من قرطبة.
- هل أنت من مدريد؟	- أنا لطيفة.
- هل هو كويتي؟	- نعم أنا نادية.
- هل أنت نادية؟	- هي يمنية.
- ما اسمك؟	- لا هو قطري.
- من أنت؟	- هو محمد.

من أنتَ؟

١٢ـ ابحث عن هذه البلدان العربية.

تونس ـ سوريا ـ مصر ـ الأردن ـ ليبيا ـ لبنان ـ المغرب
فلسطين ـ العراق ـ الكويت

ت	ت	ر	غ	ا	ل	ع	ر	ا	ق	ع	ل	ض	ا
و	ن	م	ت	ض	ت	س	ا	ل	م	غ	ر	ب	ل
ن	ط	ص	و	ث	ن	ي	ل	ز	و	ه	ت	ش	ا
س	و	ر	ي	م	ب	ي	ك	ل	خ	ن	ئ	ر	ر
	ي	م	ص	ظ	ف	ف	س	ل	ط	ي	ن	م	ص	د
	ل	ك	ب	م	غ	ك	ت	ل	ذ	ب	ح	م	س	ن
	ل	ة	ب	ل	ن	ا	ن	ى	د	ي	ص	ف	ي	ث
	ا	ل	ك	و	ي	ت	ط	ر	ا	ر	غ	ج	ق

١٣ـ اسأل زميلك عن الأرقام التي لا تعرفها واكتبها. ثمّ قارن مع زميلك وبعد ذلك مع كل الزملاء.

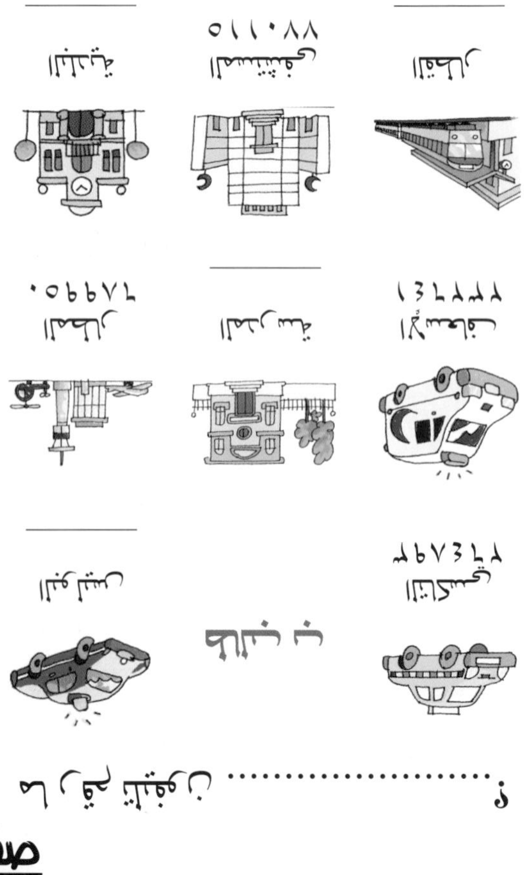

ما رقم تليفون ....؟

طالب ١

البوليس
٦٩٢٤٨٧

التاكسي

المدرسة
٣٥٩٨١٠

المطار

الإسعاف

البلدية
٨٥٢٤٥٦

المستشفى

القطار
٤٠١٢٣٧

٥١١٠٨٨

٠٥٦٦٧٤

١٣٤٨٨٨

٨٦٧٣٤٨

.... :

الدرس ٢. بيتي بيتك.

الوظائف:

- طلب المعلومات.
- إعطاء المعلومات.
- طلب التأكيد.
- وصف البيت.

بيتي بيتك.

تفضّل
تفضّلي

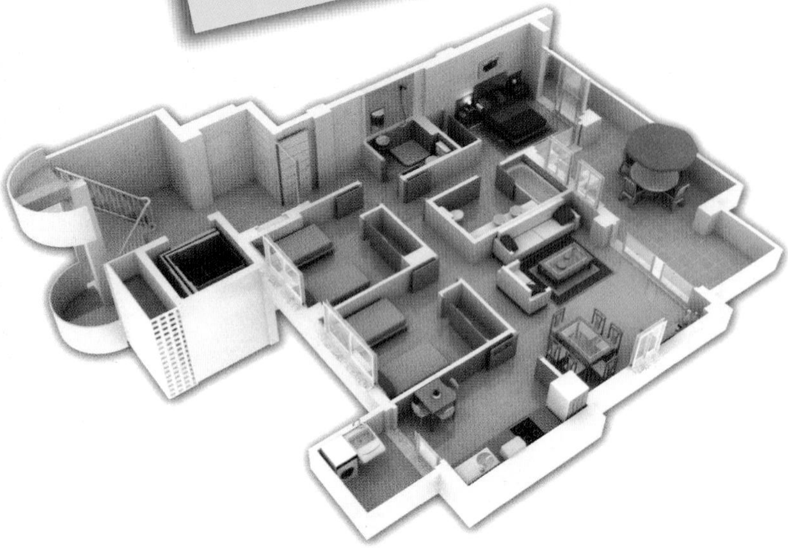

١.- اسمع وأجب. ١٠

يا..!

	صحيح	خطأ
١.- سليم مع صديق.	□	□
٢.- «النافورة» اسم شارع.	□	□
٣.- حميد عربي.	□	□
٤.- حميد في البيت.	□	□
٥.- الشقّة كبيرة.	□	□

٢.- صف بيتك أمام زملائك.

المثال: تفضّل، هذا هو الصالون، هناك المطبخ والحمّام وهذه غرفتي وتلك غرفتك.

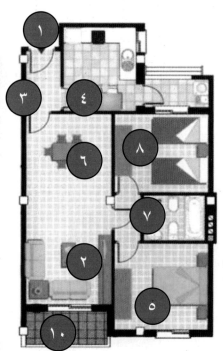

المفردات

١.- المدخل	٦.- غرفة الأكل	
٢.- غرفة الجلوس	٧.- الحمّام	١١.- المكتب
٣.- الممرّ	٨.- غرفة الأطفال	١٢.- غرفة الضيوف
٤.- المطبخ	٩.- الكراج	١٣.- الحديقة
٥.- غرفة النوم	١٠.- الشرفة	

بيتي بيتك.

ف
حميد في البيت
في البيت حمّام

هل أنت حميد؟
نعم، أنا حميد
لا، أنا رشيد

٣.- اسأل زميلك عن بيته.

مثال: هل في بيتك كراج؟
نعم / لا

٤.- انظر إلى الصور وأجب على سبيل المثال.

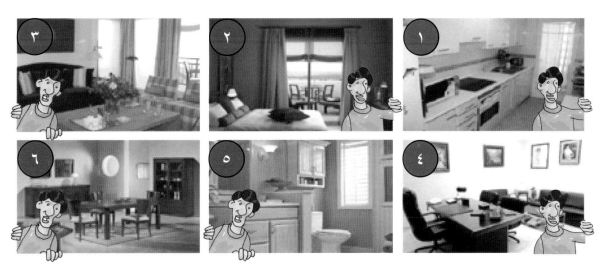

١.- هل حميد في الحديقة؟ لا، هو في المطبخ. (مثال)

٢.- هل حميد في الكراج؟

٣.- هل حميد في المدخل؟

٤.- هل حميد في الصالون؟

٥.- هل حميد في غرفة الضيوف؟

٦.- هل حميد في المرحاض؟

حمّام

بربيش

مرحاض

٥.- اقرأ النص وارسم غرفة حميد.

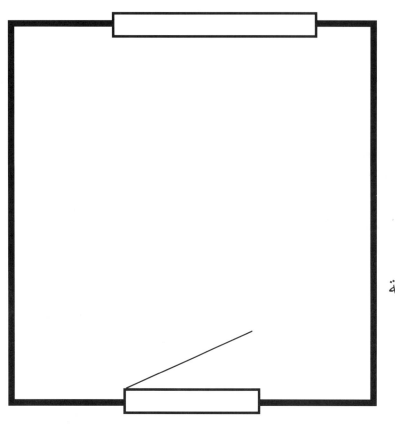

هذه غرفتي. في هذه الغرفة شبّاك. الشبّاك أمام الباب وتحت الشبّاك سرير. هذا هو سريري. على يمين السرير خزانة ملابس. بجانب الخزانة طاولة وكرسي. فوق الكرسي حقيبة وعلى الطاولة أوراق. على يسار السرير طاولة صغيرة وعليها مصباح.

هنا – هناك

تحتَ

أمامَ

على

على الطاولة أوراق.

على + ها = عليها

بينَ

فوقَ

خلفَ

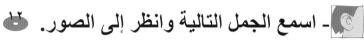

بيتي بيتك.

٦.- صف غرفتك لزميلك.

القريب → البعيد
هذا ← ذلك
هذه ← تلك

٧.- لسليم بعض الأشياء في البيت. ساعده في ترتيبها.

- اسمع الجمل التالية وانظر إلى الصور. ١٢

الكرسي

الصوفا

الطاولة

التلفزيون

الخزانة

الثلاّجة

السرير

الفرن

- الآن اسمع مرة أخرى وضع الأشياء في المكان المناسب.

الصالون	الحمّام	المطبخ	الغرفة
الصوفا			

المفرج

بيتي بيتك.

٨.- بين زميلين: اسأل زميلك عن مكان معيّن على الخريطة. ثمّ أجب على سؤاله.

مثال: - أين المقهى؟
- المقهى بجانب المدرسة.

أين المقهى؟
في هذا الشارع

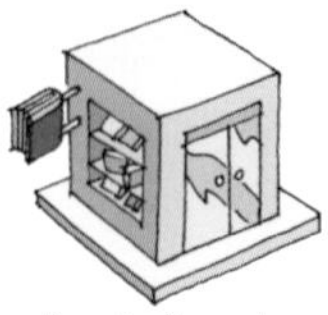

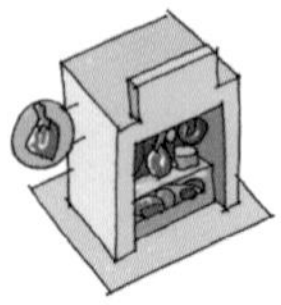

١.- المكتبة

١٠.- المجزرة

٢.- المستشفى

٩.- المخبزة

٣.- البنك

٨.- المقهى

٤.- المدرسة

٥.- الفندق

٦.- المطعم

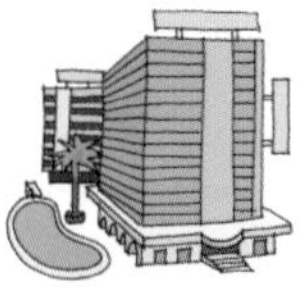

٧.- البلدية

الصوتيات: لام التعريف في وسط الكلام.

بالحروف القمرية.	بالحروف الشمسية.
معَ الأستاذ.	معَ الرّجل.
في البيت.	في التّلفزيون.
منذُ اليوم.	منذُ السّنة الماضية.

بيتي بيتك.

٩.- أكمل.

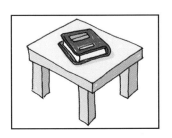

٢.- الكتاب __الى__ الطاولة.

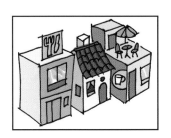

١.- بيتي __بين__ المطعم والمقهى.

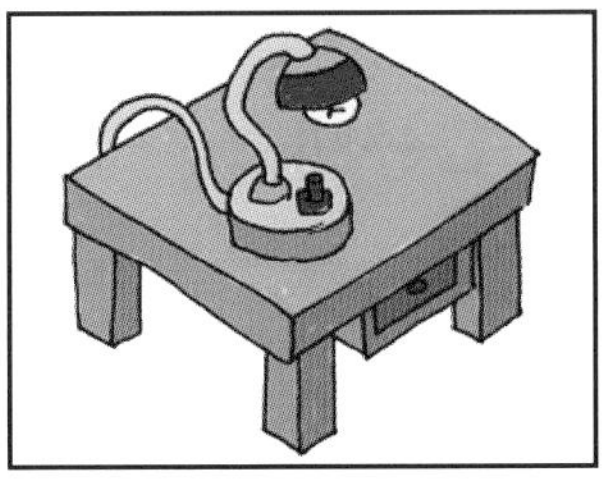

٣.- المصباح ______ الطاولة.

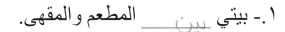

٥.- البناية __امام__ البيت.

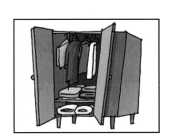

٤.- الملابس __في__ الخزانة.

٦.- الصورة __بجنيب__ الشبّاك.

١٠.- صحيح أم خطأ.

	صحيح	خطأ
١.- الطاولة على يمين الشبّاك.	□	□
٢.- على الكرسي كتاب.	□	□
٣.- السرير أمام الشبّاك.	□	□
٤.- اللوحة فوق السرير.	□	□
٥.- الكرسي تحت النافذة.	□	□
٦.- الكمبيوترعلى الطاولة.	□	□
٧.- الطاولة بين الشبّاك والسرير.	□	□
٨.- اللوحة بجانب الشبّاك.	□	□
٩.- الخزانة بين السرير والكرسي.	□	□
١٠.- فوق الكمبيوتر لوحة.	□	□
١١.- السرير تحت الشبّاك.	□	□

١١.- صف غرفتك لزميلك: قل له ما هي الأشياء الموجودة فيها واسأله إذا كانت هي موجودة في غرفته. ثمّ أجب على أسئلته.

مثال: في غرفتي ستائر، هل في غرفتك ستائر؟

طالب ب

طالب ا

مثال: في غرفتي ستائر، هل في غرفتك ستائر؟

١١.- صف غرفتك لزميلك: قل له ما هي الأشياء الموجودة فيها واسأله إذا كانت هي موجودة في غرفته. ثمّ أجب على أسئلته.

الدرس ٣. هذه عائلتي.

الوظائف:
- التوديع.
- وصف العائلة.
- الاعتذار.
- التعريف بالآخرين.
- الدعوة.
- التقديم / التقديم الذاتي.
- التفاعل مع من يقوم بالتقديم.

هذه عائلتي.

١.- اقرأ واسمع.

- انظر إلى الصور واقرأ.

مصطفى (الجدّ)
جميلة (الجدّة)
رشيد (الأب)
بشرى (الأم)
لطيفة (الابنة)
حسن (الابن)
سعيد (الابن)

الأب ↔ **الأم**
(بابا) ↔ (ماما)
الزوج ↔ الزوجة
الأخ ↔ الأخت

- اسمع وأجب. ١٥

بلى ≠ كلاّ

	صحيح	خطأ
١.- لطيفة ابنة بشرى.	□	□
٢.- سعيد أخو لطيفة.	□	□
٣.- سعيد ابن بشرى.	□	□
٤.- بشرى أم سعيد.	□	□
٥.- حسن أخو سعيد.	□	□
٦.- رشيد زوج بشرى.	□	□

الأب ← أبو
الأخ ← أخو

٢.- انظر إلى شجرة العائلة واسأل زميلك.

مثال: ← هل رشيد أبو سعيد؟ - **نعم**، هو أبو سعيد.
← هل بشرى أخت لطيفة؟ - **لا**، هي أم لطيفة.

هذه عائلتي.

٣.ـ من هم؟ ركّب جملا بكل اسم قائلا فيها علاقات الشخص العائلية.

سعيد	أخت	لطيفة
رشيد	أمّ	سعيد
لطيفة	أبو	جميلة
بشرى	أخو	مصطفى
حسن	جدّ	رشيد
مصطفى	زوج	بشرى
جميلة	ابن	حسن

مثال: سعيد ابن بشرى.
سعيد أخو لطيفة.
سعيد أخو حسن.
سعيد ابن رشيد.
رشيد ..

ابن الابن هو الحفيد.

٤.ـ اقرأ واكتب.

ـ اقرأ النص.

عائلة لطيفة.

اليوم أنا سعيدة جدًّا. نحن في القرية. هنا يسكن جدّي، اسمه مصطفى، وجدّتي، اسمها جميلة. أنا حفيدتهما. لجدّي ثلاثة أولاد: عمّي جمال، وعمّتي ابتسام، وأبي. عمّي متزوّج، له ابن صغير. عمّتي ابتسام أرملة ولها بنت جميلة. في هذه القرية تسكن أيضًا أخت أمّي، خالتي. اليوم عيد ميلاد جدّي ولهذا نحن في القرية: عيد ميلاد سعيد يا جدّي!

هل = أ

ـ أجب على الأسئلة.

١.ـ أين العائلة اليوم؟
_____

٢.ـ ما اسم الجدّ؟
_____

٣.ـ هل الجدّ له خمسة أولاد؟
_____

٤.ـ ما اسم العمّ؟ أله أولاد؟
_____

٥.ـ هل ابتسام متزوّجة؟
_____

٦.ـ من هي الخالة؟
_____

هذه عائلتي.

لـه = عنده

٥.- اسأل زميلك عن عائلته.

← كيف عائلتك؟ (كبيرة أم صغيرة)

← ما أسماء أفرادها؟

← ألك أم؟ → نعم، لي أم. / لا، ليس لي أم.

٦.- اربط بين الصورة والجملة.

٨ **عندك كلب.**

١

٥

___ عندها ورقة.

___ عندها بيت.

٢

٦

___ عندي سيّارة.

___ عنده دفتر.

٣

٧

___ عندنا قلم.

___ عندي بنت.

٤

٨

___ عندهما أخت.

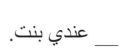

٧.- اسأل زميلك عن أسماء ثلاثة أفراد من عائلته واكتبها في المربّع. ثمّ اسأل عن العلاقة العائلية لكل واحد منهم.

مريم

هل مريم أمّك؟ → نعم، هي أمّي. / لا، هي ليست أمّي. هي أختي.

هو ليس ≠ هو ليس لـه

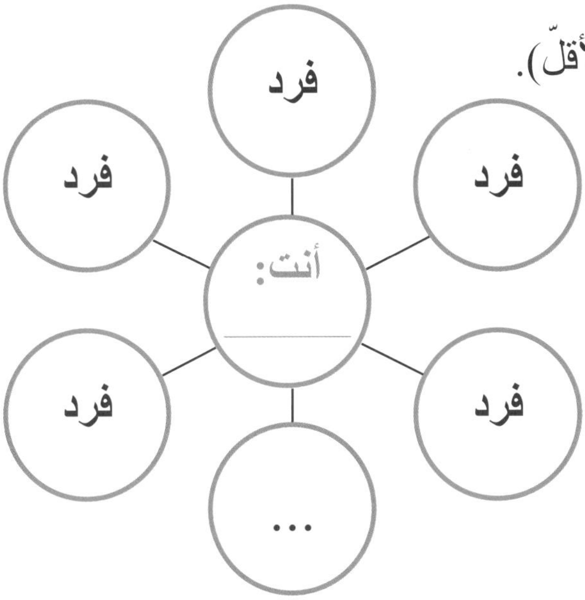

فرد
فرد
فرد
أنت:
فرد
فرد

٨.- اكتب نصا عن عائلتك.

هذه هي عائلتك: أنت و ٥ أفراد (على الأقلّ).

____
____
____
____
____
____
____

٩.- ابحث بين زملائك عن شخص:

١.- له ثلاثة إخوة:

٢.- عنده بيت كبير:

٣.- عنده كلب:

٤.- له فيلم عربي:

٥.- عنده سيّارة صغيرة:

٦.- له زوجة وابن وابنة:

٧.- عنده صديق عربي:

٨.- عنده قاموس عربي- إسباني:

- أخيرا قل لزملائك ما وجدتـه.

١٠.- اسأل زميلك عمّا لا تعرفه؛ ثمّ أجب على أسئلته وقارن معه ومع كل الصف.

طالب ١

لطيفة	؟	مصطفى	؟
حسن		جميلة	
بشرى	؟	المدرس	
رشيد		الزميل	؟

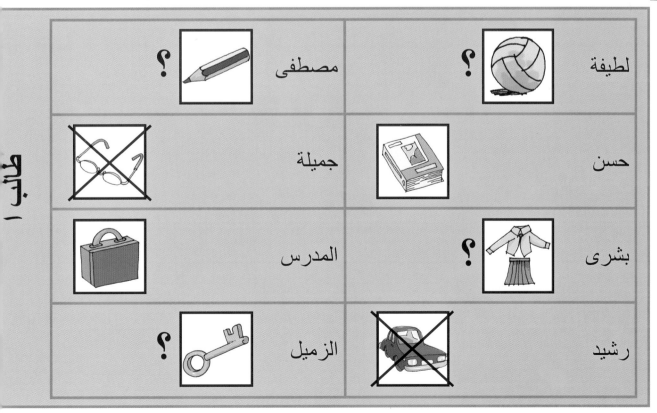

١١.- اكتب حوارا بين بشرى وصوفيا مستعملا التعبيرين الموجودين تحت.

ما شاء الله.

بشرى = أمّ سعيد
الولد البكر

١٢.- الصوتيات: ضع علامة بجانب الجملة.

هذا الولد	هذا الولد
هذه المدرسة	هذه المدرسة
هذا التلفزيون	هذا التلفزيون
تلك المرأة	تلك المرأة

الصوتيات
هذا المدرس # أبي
هذا # المدرس

طالب ب

لطيفة		مصطفى	
حسن	؟	جميلة	؟
بشرى		المدرس	؟
رشيد	؟	الزميل	

الدرس ٤. أخيرا عندي عمل.

الوظائف:

- عرض تقديم المساعدة.
- التطوع لفعل شيء ما.
- العرض.
- المنع أو الرفض.
- الاقتراح.
- الاستئذان لوقت معين.
- الاعتذار.

أخيرا عندي عمل.

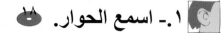

١.- اسمع الحوار. ١٨

- أكمل المربّعات التالية.

الأماكن	المهن	أفراد العائلة	الشخصيات
بنك عربي			

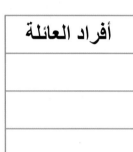

ماذا..؟

٢.- تعلّم أين يعمل كلّ من هؤلاء الأشخاص.

- اسمع واربط بين المهن والأماكن التالية. ٢٠

١ مدرسة — ٢ مستشفى — ٣ مطار — ٤ عمارة — ٥ بيت

٦ مطعم — ٧ مقهى — ٨ شركة — ٩ بنك — ١٠ مجزرة

١	حسن	طالب
__	أمين	بوّاب
__	منى	مضيفة
__	فاطمة	موظّفة
__	مرسيل	رجل أعمال
__	كارلوس	مدرّس
__	سمير	طبيب
__	مريم	ممرّضة
__	عثمان	جزّار
__	بشرى	ربّة بيت
__	رشيد	كهربائي
__	صوفيا	نادلة
__	بطرس	طبّاخ

- اسأل زميلك ماذا وأين يعمل كلّ واحد منهم.

مثال: - ماذا يعمل كارلوس؟ كارلوس مدرّس.

- أين يعمل؟ يعمل في المدرسة.

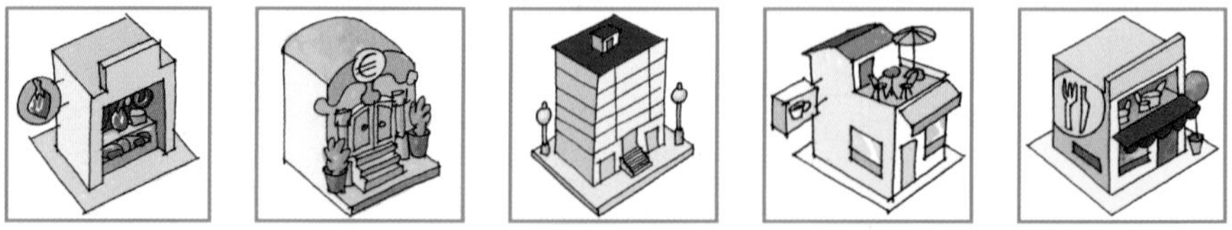

أخيرا عندي عمل.

٣.- اقرأ النص.

أخي هو مهندس واسمه علي. هو يعمل في شركة كبيرة ويسكن مع زوجته. هي ممرّضة في مستشفى "الأمل" في وسط المدينة. لهما ولدان يدرسان في مدرسة صغيرة اسمها "الألوان". أبونا يسكن معهم أيضا. مهنة أبي كاتب وهو يعمل في مكتبة.

١.- ماذا يعمل علي؟ ________________

٢.- ماذا تعمل زوجة علي؟ ________________

٣.- ما مهنة الولدين؟ ________________

٤.- ماذا يعمل أبو علي؟ ________________

٤.- قدّم لزميلك عائلتك وقل الإسم، المهنة ومكان العمل.

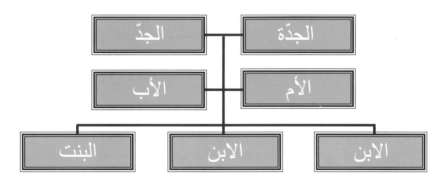

٥.- اسمع الحوارات التالية وضع علامة على الأرقام التي سمعتها. ٢٢

١.-	□	٦١	□	٦١٠	٤.-	□	٧٩١	□	٧٩
٢.-	□	٥٥	□	٥٥٠	٥.-	□	٣٦	□	١٣٦
٣.-	□	١٢٣	□	٣٢١	٦.-	□	٤٠	□	٣٦٠

أخيرا عندي عمل.

٦.- فكّر والعب.

الكلمات المتقاطعة

ربة بيت
صحفي
طبيبة
مدرس
مترجم
ممرض
رسامة
مهندس
شرطي

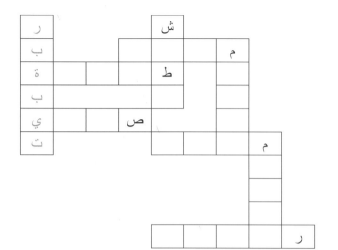

ة
ي
ط
ص

٧.- أكمل.

نحن ____________ ونعمل في ____________ .

هما ____________ ويعملان في ____________ .

هن ____________ ويعملن في ____________ .

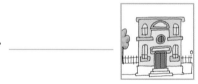

هم ____________ ويعملون في ____________ .

هما ____________ وتعملان في ____________ .

أنتم ____________ وتعملون في ____________ .

أنتما ____________ وتعملان في ____________ .

الله يعاونك
الله يعطيك الصحة
الله يعطيك العافية

أخيرا عندي عمل.

٨.- اقرأ: يوم في مكتب التشغيل.

لحظة من فضلك
دقيقة واحدة

الرجل: صباح الخير.

الموظف: صباح النور. ماذا تريد؟

الرجل: أنا في حاجة إلى عمل.

الموظف: ما مهنتك؟

الرجل: أنا معلّم كمبيوتر. أعرف كل شيء عن الكمبيوتر.

الموظف: طيّب، طيّب. لكن مع الأسف ليس لدينا الآن أي عمل في هذا الميدان.

الرجل: إذن أريد عملا في ميدان آخر، هذا ممكن؟

الموظف: لحظة من فضلك حتى أرى العروض. هناك عمل كمهندس، كطبيب، ككاتب، على فكرة هل لديك شهادة؟

الرجل: لا، ليس عندي.

الموظف: إذن، مستحيل العمل بلا شهادة. عندنا أعمال ممتازة لكن الشهادة ضرورية، للأسف.

الرجل: على كل حال شكرا جزيلا. إلى اللقاء.

الموظف: مع السلامة.

٩.- اكتب وتكلّم.

- حضّر مع زميلك حوارات مستعملا *__مع الأسف__* أو *__على كل حال__* أو *__على فكرة__* وكلمة أو كلمتين من المفردات التالية:

مستحيل - عرض عمل - شهادة - مع الأسف - مهنة - مكان العمل
ميدان - ضروري - راتب - كم عمرك

- ثم مثلا حوارا أمام الصف.

أخيرا عندي عمل.

١٠.- اطرح السؤال أو الجواب المناسب.

١.- هما طبيبان.
٢.- هل عنده عمل في هذه المدينة؟
٣.- أين يعمل المهندس؟
٤.- هم يعملون في المطار. من هم؟
٥.- أبحث عن عمل كمعلّم كمبيوتر.
٦.- ماذا يفعل الطبّاخ؟
٧.- هي تعمل في البنك.
٨.- أتكلّم اللغة العربية.

١١.- أكمل الحوار.

آسف = للأسف = مع الأسف

أ السلام عليكم.
ب ________.
أ عفوا يا سيدي هل مدير الشركة هنا؟
ب آسف لا. هو ليس هنا. هو في ________.
أ والسيد علي المهندس؟ هل هو موجود؟
ب للأسف لا. هو ________ هو في ________.
أ وهل حسين الكهربائي هنا؟
ب آسف لا. هو ________ هو في ________.
أ طيّب، والكاتبة وردة؟
ب مع الأسف هي ________ هي في ________.
فقط أنا الموجود هنا.
أ ومن أنت؟

١٢.- الصوتيات: ي / ج. ٢٤

- اسمع هذه الكلمات وضع الحرف الناقص المناسب.

ــمال - بــانب - ــعمل - ــولة - ــار - ــاسمين -

ــزار - ــمين - ــد - ــسم

المراجعة ١ / ٤.

أنشطة التعليم.

١.- فكر فيم تعلمت خلال هذه الدروس واكتب في الجدول الأشياء أو التمارين التي تمتعت بها أكثر في الفصل وفي البيت.

	في الفصل	في البيت
الاستماع	______	______
القراءة	______	______
الكلام / القول	______	______
الكتابة	______	______

٢.- اكتب كلمات، أفعالا، جملا وتمارين تحبها أو لا تحبها.

- ثلاث كلمات تحبها:

______ ______ ______

- ثلاث جمل تحب أن تقولها:

١ ______

٢ ______

٣ ______

- تمرين تحبه كثيرا:

______

- تمرين لا تحبه بالمرة:

______

- أسهل شيء:

______

- أصعب شيء:

______

- قارن مع زميلك.

المراجعة ١/ ٤.

أعرف:

- ☐ استعمال مصطلحات الصف.
- ☐ استعمال الأرقام من ١ إلى ١٠٠٠.
- ☐ استعمال الضمائر المنفصلة: أنا، أنتَ..
- ☐ استعمال الضمائر المتصلة: ي، كَ، كِ..
- ☐ الحروف الشمسية والقمرية.
- ☐ استعمال الاستفهام: ما، من، من أين..
- ☐ المذكر والمؤنث.
- ☐ النسبة والجنسية.
- ☐ النكرة والمعرفة.
- ☐ استعمال «يا للنداء».
- ☐ ضمائر الإشارة: هذا، هذه، ذلك، تلك.
- ☐ ظرف المكان: بين، تحت، أمام..
- ☐ أسماء المكان: مكتب، مدرسة..
- ☐ استعمال «أليس..؟».
- ☐ استعمال التعبير «ما شاء الله».
- ☐ استعمال «عند / لـ».
- ☐ الفعل «ليس».
- ☐ المثنى والجمع.
- ☐ استعمال الإضافة.
- ☐ الفعل المضارع.
- ☐ استعمال «مع الأسف»، «على كل حال»، «على فكرة».

أستطيع أن:

	قليلا	جيدا	جيد جدا	ممتازا
أسلم على شخص وأودعه.	☐	☐	☐	☐
أقدم نفسي.	☐	☐	☐	☐
أطلب المعلومات.	☐	☐	☐	☐
أصمم بطاقة التعريف.	☐	☐	☐	☐
أعطي المعلومات.	☐	☐	☐	☐
أصف البيت.	☐	☐	☐	☐
أسأل عن مكان ما.	☐	☐	☐	☐
أتكلم عن عائلتي وعن أفراد العائلة.	☐	☐	☐	☐
أتكلم عن المهن والعمل ومكان العمل.	☐	☐	☐	☐
أرفض شيئا ما.	☐	☐	☐	☐
أقترح شيئا ما.	☐	☐	☐	☐
إملاء استمارة.	☐	☐	☐	☐

المراجعة ١/ ٤.

كيف تحب أن تتعلم:

- بالاستماع إلى الموسيقى.
- باستعمال الإنترنت.
- بقراءة الجرائد.
- بالتكلم مع الناس.
- بمراجعة المفردات.
- بكتابة التمارين.

المفردات.

١.- ما هي الكلمة الدخيلة.

١.- تمرين - صفحة - رجل - ورقة - سؤال.
٢.- سبعة - عشرين - اثنا عشر - خمسين - جزيلا.
٣.- أعزب - متزوج - مطلق - أرمل - مطلقة.
٤.- بين - ممكن - بجانب - أمام - خلف.
٥.- يعمل - يدرس- يسكن- ليس - يتكلم.

٢.- اكتب الكلمات التالية في المكان المناسب.

الأب، الأخت، البلدية، الابنة، الجد، الحمام، الزوجة، الشرطية، الطبيب، الكراج، ألمانيا، المترجم، المدرس، المطار، المطبخ، المطعم، المغرب، المقهى، المكتبة، اليونان، تونس، ربة البيت، سوريا، غرفة الجلوس، غرفة النوم.

البلدان	الأماكن	العائلة	المهن	المنزل

المراجعة ١/ ٤.

٣.- اكتب تحت كل صورة اسمها.

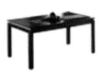

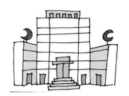

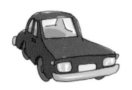

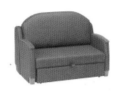

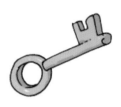

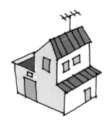

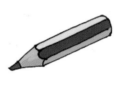

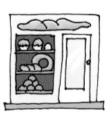

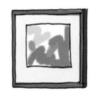

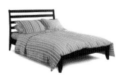

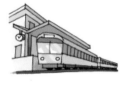

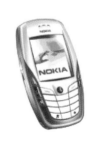

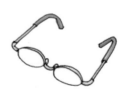

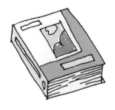

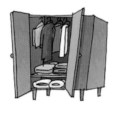

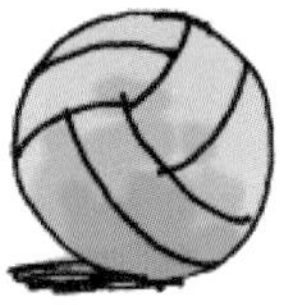

المراجعة ١/ ٤.

إجابات متعددة.

١.- هل فاطمة من المغرب؟

□ نعم، هي المغربية □ نعم، هي مغربية □ نعم، هي من المغربية

٢.- ___ الرجل إيراني.

□ تلك □ ذلك □ هذه

٣.- يا مدرس، ___ معنى دفتر؟

□ ما □ من □ من أين

٤.- تمرين ١٠، ___ ١٥.

□ صفحة □ كتاب □ ورقة

٥.- هذه البنت ___ أخت مريم.

□ لست □ ليس □ ليست

٦.- رشيد جالس ___ محمد ونبيل.

□ بين □ تحت □ فوق

٧.- من أين ___؟ نحن من مصر. نحن مصريات.

□ أنتم □ أنتن □ هم

٨.- هي زينب، هي ___.

□ زميلاتي □ زميلتي □ زميلي

٩.- عشرة - ___ = أربعة

□ ثلاثة □ سبعة □ ستة

١٠.- في ___ خزانة وسرير وطاولة صغيرة.

□ غرفة الجلوس □ غرفة النوم □ مطبخ

١١.- أليس لها أخوات؟

□ بلى، لها أخوات □ لا، ليس لها أخوات □ نعم، لها أخوات

١٢.- الأولاد عند___ امتحان اليوم.

□ ها　　□ هم　　□ هن

١٣.- ___ يعمل أبوك؟

□ كم　　□ ماذا　　□ من

١٤.- أنتم ___ في مطار القاهرة.

□ تعملون　　□ يدرسون　　□ يعملون

١٥.- هما ___.

□ أطباء　　□ طبيبان　　□ طبيبات

١٦.- نحن ___ العربية جيدا.

□ تتكلمون　　□ نتكلم　　□ ندرس

١٧.- أختنا ___ تسكن معنا.

□ لا　　□ ليس　　□ نعم

١٨.- هو يعمل في شركة ___.

□ الكبيرة　　□ كبيرات　　□ كبيرة

١٩.- هي ___ من العربية إلى الفرنسية

□ صحفية　　□ مترجمة　　□ مهندسة

٢٠.- ___ يعملون في جريدة.

□ الشرطيون　　□ الصحفيون　　□ الممرضات

الدرس ٥. العقل السليم في . .

الوظائف:
- الوصف.
- التعبير عن المعرفة وعدم المعرفة.
- السؤال عن الأحاسيس.
- التعبير عن الحالات النفسية والأحاسيس.

العقْل السليم في ..

١.- اسمع الكلمات التالية ورتّبها. 🎧

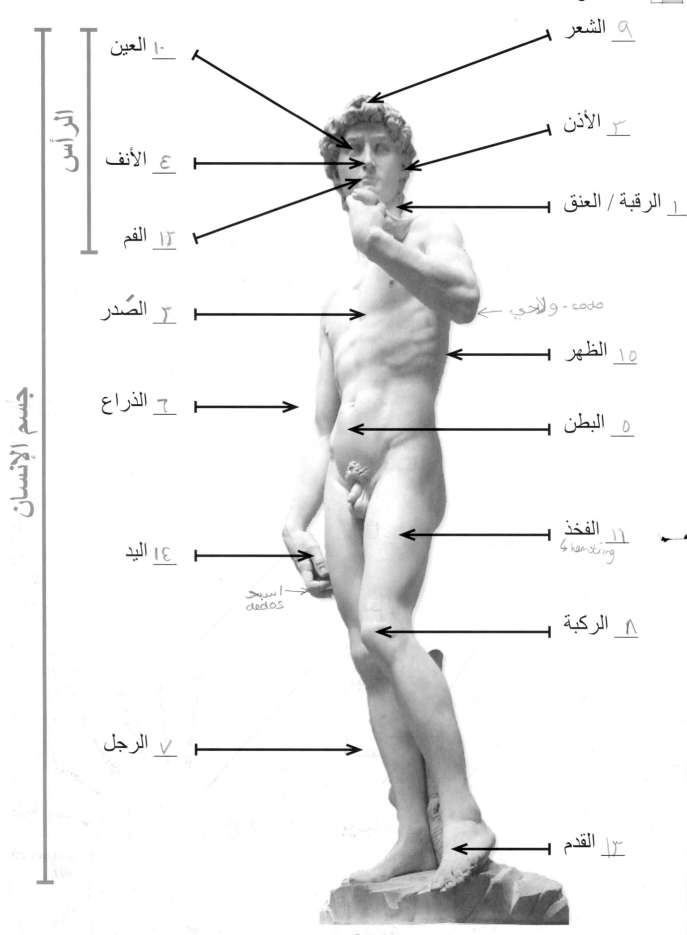

الراس

جسم الإنسان

٩ الشعر

١٠ العين

٣ الأذن

٤ الأنف

١ الرقبة / العنق

١٢ الفم

٣ الصَّدر

١٥ الظهر

٦ الذراع

٥ البطن

١١ الفخذ

١٤ اليد

٨ الركبة

٧ الرجل

١٣ القدم

العقل السليم في..

٢.- انظر إلى مدرّسك وضع الرقم المناسب أمام الكلمتين.

١ ٢ ٣ ٤ ٥

٢ كبيرة ≠ صغيرة

٣ بدين ≠ رشيق (robusto / en forma)

٥ عجوز ≠ شاب (viejo/a / joven)

١ أشقر ≠ أسمر (rubio/a / moreno/a)

٤ طويلة ≠ قصيرة

٣.- اسمع واربط بين الصورة والكلمة المناسبة. ٢٩

١ cansado/a

٢ triste

٣ sediento/a

٤ feliz

٥ enfadado/a

٦ hambriento/a

- حزين
- متعب
- عطشان
- جائع
- سعيد
- غضبان

العَقْل السَّلِيم في ..

الدرس ٥

⏍ ٤.ـ اسمع وأجب. ٣-١

١.ـ كيف ترجع منى من السفر؟
☒ هي عطشى. *sedienta*
☐ هي غضبى.
☐ هي متعبة. *cansada*

٢.ـ ماذا تشرب فاطمة؟
☐ شاي.
☐ قهوة.
☒ ماء.

٣.ـ فاطمة تحبّ رجلا .. *gusta*
☐ إنّها حزينة. *triste*
☐ إنّها جائعة. *hambriento*
☒ إنّها سعيدة. *feliz*

العمود الأيسر

٤.ـ كيف الرجل؟ (اختر كلمة من الكلمتين).
☐ بدين ≠ ☒ رشيق.
☒ طويل ≠ ☐ قصير.
☐ أسمر ≠ ☒ أشقر.

٥.ـ عيناه ..
☐ خضراوان.
☒ زرقاوان.
☐ سوداوان.

٦.ـ أنفه ..
☒ صغير.
☐ طويل.
☐ كبير.

إنّ

الأنف طويل.
إنّ الأنف طويل!

٥٩   59

العقل السليم في.. الألوان.

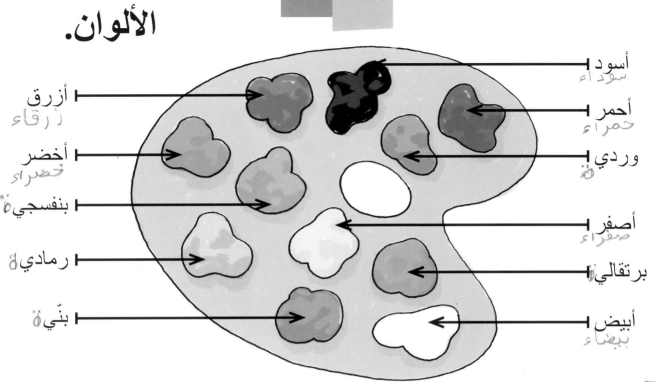

أسود
سوداء
أحمر
حمراء
وردي
ة
أصفر
صفراء
برتقالي ة
أبيض
بيضاء
أزرق
زرقاء
أخضر
خضراء
بنفسجي ة
رمادي ة
بنّي ة

٥.- أكمل الجمل.

١. إنّ الشعر اسود .

٢. إنّ السيارة حمراء .

٣. إنّ البيت أزرق .

٤. إنّ القلم برتقالي .

٥. إنّ الكرة بنية .

٦. إنّ الكتاب أخضر .

٧. إنّ الورقة بيضاء .

٨. إنّ التليفون وردي .

أحمر - حمراء
بنّي - بنّية

قول:
لا سلام على الطعام.

العقّل السليم في ..

٦.ــ صف هذه المرأة، هل تعرفها؟

_____
_____
_____
_____
_____
_____
_____
_____
_____
_____
_____
_____
_____

٧.ــ لكي تقدّمه للصف ابحث في القسم عن شخص عنده:

عينان بنيتان.	فم كبير.	أنف كبير.
شعر أسود.	شعر طويل.	عينان خضراوان.
يدان صغيرتان.	فم صغير.	شعر قصير.

٨.ــ احزر من؟

طالب ١: اكتب اسم شخص من الصف على ورقة وأجب على أسئلة زميلك.

طالب ٢: اسأل زميلك عن الشخص الذي فكّر فيه مستعملا الأسئلة التالية:

مثال: هل هو رجل / امرأة؟

أله / لها عينان كبيرتان؟

٩.ــ الصوتيات: ك/ ق. 🔘 ٣٣

ــ اسمع هذه الكلمات وضع الحرف الناقص المناسب.

ـبير ــ يـول ــ مـهى ــ ـلم ــ ـربة ــ يأـل ــ ـتاب

ـسم ــ صديـ ــ تلـ ــ ـبيح ــ ـلب

الدرس ٦ . كلَّ يوم.

الوظائف:

- الدعوة.
- القيام بالعرض.
- التطوع للقيام بشيء ما.
- الإخبار والإعلان.
- عرض تقديم المساعدة.
- قبول دعوة أو عرض.
- رفض دعوة.
- الترحيب.
- الاعتذار.

كلّ يوم.

١.- اسمع وأجب. ٣٦

- رتّب الأنشطة اليومية لكل واحد وضع علامة عند أوقات النهار المناسبة.

صوفيا:

		صباحا	ظهرا	مساء
	تتحدّث مع صديقة.	☐	☒	☐
٨	تتعشى.	☐	☐	☒
١	تحضّر الفطور.	☒	☐	☐
٢	تذهب إلى السوق.	☒	☐	☐
٥	تذهب إلى مقهى.	☐	☒	☐
٣	تشتري الأكل.	☒	☐	☐
٤	تطبخ.	☒	☐	☐
	تمشي في الحديقة.	☐	☒	☐

صباحًا: في الصباح
ظهرًا: عند الظهر
مساءً: في المساء
ليلاً: في الليل

زوجها وابنها:

		صباحا	ظهرا	مساء
٥	يتعشّيان.	☐	☐	☒
٤	يحضّران العشاء.	☐	☐	☒
٣	يحضّران القهوة.	☒	☐	☐
١	يرتّبان الغرفة.	☒	☐	☐
٢	يغسلان الصحون.	☒	☐	☐

متى..؟
في الصباح

كل يوم.

٢.ـ ماذا تفعل بشرى كل يوم؟ قل بصوت مرتفع ما تفعله بشرى وأضف في أي وقت من النهار. تخيّل أشياء أخرى.

leer esto y practicar con los verbos.

٣.ـ اقرأ وأجب.

الليل + النهار يوم

كل يوم أستيقظ صباحا باكرا وأغسل وجهي ويديّ ثمّ ألبس. بعد ذلك أفطر كأس حليب وخبزا ثمّ أذهب إلى المدرسة. هناك أدرس وألعب قليلا مع أصدقائي في الاستراحة. عند الظهر أرجع إلى بيتي وفي الطريق آكل تفّاحة. أحبّ كثيرا التفاح.
في البيت أتغدّى طعام أمّي فهي طبّاخة ممتازة. وبعد الأكل أساعدها في المطبخ.
في المساء أكتب واجباتي المدرسية وبعد ذلك أسمع الموسيقى وأشاهد الرسوم المتحرّكة قليلا. وأخيرا في الليل أقرأ قصّة وأنام.. تصبح على خير.

	صحيح	خطأ
١.ـ هي تغسل أسنانها.	☐	☒
٢.ـ في الصباح هي تشرب قهوة.	☐	☒
٣.ـ هي لا تلعب في المدرسة.	☐	☒
٤.ـ هي تأكل تفاحة في المدرسة.	☐	☒
٥.ـ في الصباح تستمع إلى الموسيقى.	☐	☒
٦.ـ هي لا تدرس في المنزل.	☐	☒
٧.ـ هي تشاهد التلفزة قليلا.	☒	☐
٨.ـ هي تقرأ قبل النوم.	☒	☐

كلَّ يوم.

٤.- اكتب وقل.

- اكتب في هذا الجدول أنشطتك اليومية.

صباحا	ظهرا	مساء	ليلا

- قل لزميلك ما هي أنشطتك اليومية.

متأخّرا ≠ باكرا

بعدَ ذلك ≈ ثُمَّ ≈ من بعد

بعد ≠ قبل

٥.- ابحث بين زملائك عن شخص:

يتكلّم ثلاث لغات.
يدرس الألمانية.
يركب الدراجة.
يستيقظ متأخرا.
يسمع الموسيقى العربية.
يشرب الشاي بالحليب.
يلعب كرة اليد.
يقرأ جريدة أجنبية.
ينام القيلولة.
ينظّف الغرفة في الصباح.

- أخيرا قل لزملائك ما وجدته.

القيلولة.

في المساء القهوة والنرجيلة.

٦.- اربط بين الصورة والجملة.

__ تدرس في الجامعة.
__ تسمع الموسيقى.
__ تنظّف البيت.
__ يتعشّون في المطعم.
__ يتغدّون في البيت.
__ يرقصون في الديسكو.
__ يشرب النرجيلة.
__ يمارس الرياضة.

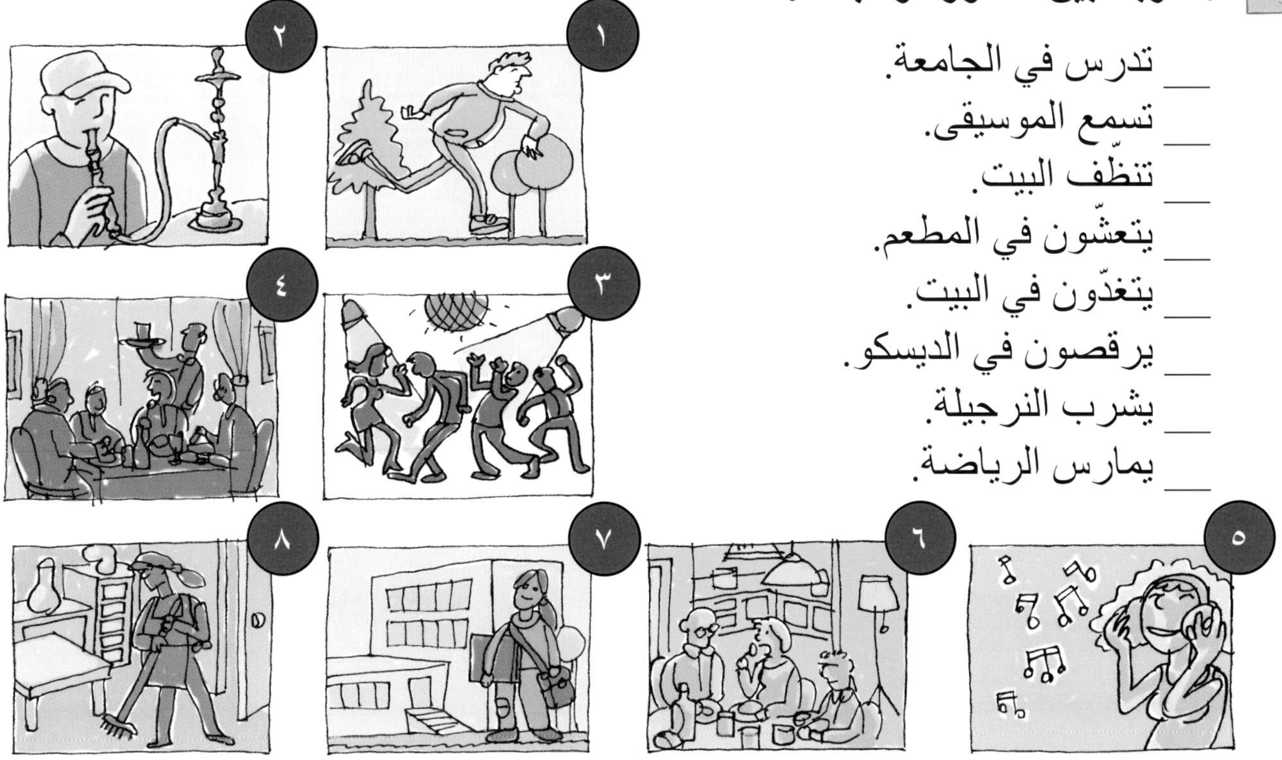

٧.- اسمع الحوار واختر الجواب المناسب. ٣٨

١.- متى يمارس بطرس الرياضة؟
☒ الإثنين. ☐ الأحد. ☐ الخميس.

٢.- متى يساعد بطرس في البيت؟
☐ الأحد. ☐ الثلاثاء. ☒ الجمعة.

٣.- متى يتمشّى بطرس مع زوجته؟
☒ الثلاثاء. ☐ الجمعة. ☐ السبت.

٤.- متى يقرأ بطرس الجريدة؟
☐ الجمعة. ☒ الخميس. ☐ السبت.

٥.- متى يترنت بطرس؟
☐ الأحد. ☐ الجمعة. ☒ الخميس.

٦.- متى تعمل العائلة في المطعم؟
☒ الأحد. ☐ الخميس. ☒ السبت.

٧.- متى يستريح بطرس؟
☒ الأربعاء. ☒ الثلاثاء. ☐ الخميس.

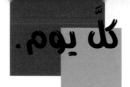

كلّ يوم.

✍ ـ اكتب أنشطة بطرس في ترتيب.

يوم الإثنين:

_____

_____

_____

_____

_____

يوم الأحد:

_____

👂 ٨.ـ الصوتيات: ح / خ / ه. 💿

ـ اسمع الكلمات التالية واكتبها في الجدول المناسب.

ه	خ	ح
___	___	___
___	___	___
___	___	___
___	___	___
___	___	___

✍ ٩.ـ رتّب الكلمات لتركيب جملة مفيدة.

أختي – مع – صباحا – تعمل – في – أبي – شركة – ومساء

١.ـ
_____

اليوم – هل – مساء – تشربين – قهوة – معي
conmigo

٢.ـ
_____

وقت – ليس – آسفة – اليوم – لي
lo siento
perdona
puede ser al inicio o al fin
de la frase.

٣.ـ
_____

كل يوم.

١٠.- اقرأ واكتب.

- اقرأ النص واملأ الفراغات بالكلمة المناسبة.

> أتعشّى ـ أتغدّى ـ أدرس ـ أُدرّس ـ أركب ـ أشاهد ـ أفطر ـ السينما
> الفرنسية ـ شايا ـ في الصباح ـ في المساء ـ معهد خاص ـ نشرب

أنا كارلوس. أنا مدرّس إسباني وأسكن في مدينة كبيرة حيثُ أعمل في مدرستها للغات.
في الصباح آخذ دوشا وأُفطر ـ قهوة بالحليب وخبزا بالزيت. ثمّ أذهب إلى المدرسة
بسيارتي. هناك _أُدرّس_ العَربية لغير الناطقين بها.
عند الظهر، أشرب _شايا_ مع زملائي في مقهى المدرسة وأرجع إلى بيتي
و_أتغدّى_.

مساء _أدرس_ اللغة الإيطالية في _معهد خاص_. أنا أحبّ اللغات كثيرا. أنا أتكلّم العربية جيّدا
جدّا و_الفرنسية_ جيّدا والألمانية قليلاً. أحيانا _أركب_ الدرّاجة أو أذهب إلى قرية صديقي
مانولو في الرّيف حَيثُ نلعب كرة القدم مع أصدقائه أو _نشرب_ شيشة.
في المساء أطبخ الطعام و أتعشّى و _أشاهد_ فيلما فأنا أحبّ _السينما_ كثيرا. أخيرا
أنام في ساعة متأخّرة.

- أجب على الأسئلة.

١.- من أين كارلوس؟ كارلوس من إسبانية
٢.- ما مهنته؟ هو أستد
٣.- متى يشرب القهوة؟ في الصباح
٤.- هل يذهب إلى الشغل بالدرّاجة؟ لا
٥.- متى يعمل؟ في الصباح
٦.- هل يتغدّى في مطعم؟ لا يتغدّى في البيت
٧.- ماذا يدرس في المساء؟ في المساء هو يدرس الإيطالية

٨.- هل يحبّ اللغات؟ هو يحب اللغات كثيرا
٩.- هل يتكلّم الفرنسية قليلاً؟
١٠.- هل يلعب كرة القدم مع أصدقائه؟
١١.- ماذا يشاهد في التلفزيون؟
١٢.- هل يحبّ السينما؟
١٣.- هل ينام باكرا؟

أوقات الصلاة

تُحدَّد أوقات الصلاة حسب التوقيت المحلي لكل دولة

العشاء المغرب العصر الظهر الشروق الفجر

كلّ يوم.

١١.ـ اكتب وتكلّم.

الأنشطة الأسبوعية لكارلوس.

الجمعة	الخميس	الأربعاء	الثلاثاء	الإثنين	الأحد	السبت	
			المعهد			القهوة	صباحا
					الغداء		ظهرا
الحديقة			العشاء				مساء
		الكتاب				تلفزيون	ليلا

✏️ ـ أكمل الجدول مستعملا أسماء الأشياء أو الأماكن.

👥 ـ تحدّث مع زميلك عمّا يفعله كارلوس خلال الأسبوع.

🗣️ **١٢.ـ اختر شخصا وقل لزميلك أنشطته اليومية.**

✏️ **١٣.ـ وأنت، ماذا تفعل يوميا؟**

_____

_____

_____

_____

_____

_____

_____

الدرس ٧ . تَنْزِيلاتَّ .

الوظائف:
- التدارك، التصحيح أو الإيضاح.
- التهنئة بشراء شيء ما.
- الاهتمام بشيء معين.
- جذب الاهتمام.
- إعطاء أمر.
- طلب شيء ما.
- التعبير عما يعجبنا أو لا يعجبنا.
- إعطاء النصيحة.
- طلب الرأي.

تنزيلات.

١.- رتّب الكلمات وأنت تسمعها. ٤٣

مجوهرات

_ طوق

_ سوار

_ ساعة

_ خاتم

محلّ ملابس

_ فستان

_ قميص

_ بدلة

_ حذاء

_ تنورة

_ جينز

كافيتيريا

_ شاي

_ أيس كريم

_ قهوة

_ حلويات

٢.- اكتب أسماء هذه الأشياء في المكان المناسب.

جاكيت

معطف

قرط

جزمة

نظّارة

حليب

قبعة

كأس ماء

عصير

حلقات

جوارب

سندويش

كافيتيريا	مجوهرات	محلّ ملابس

تنزيلات.

٣.- اسمع وأجب. ٤٥

- ضع علامة عند الجواب المناسب.

١.- حميد في حاجة إلى ..
□ أصدقاء لطفاء.
□ طعام طيّب.
□ ملابس جديدة.

٢.- يذهب حميد إلى حفلة مع ..
□ أخت عزيز.
□ صديق من المدرسة.
□ فتاة جميلة.

٣.- يذهب حميد وأصدقاؤه إلى ..
□ المركز التجاري.
□ المستشفى.
□ المقهى.

٤.- يدخل محلّ ملابس رجالي ويطلب ..
□ تنّورة وقميصا.
□ فستانا وحذاء.
□ قميصا وبنطلونا.

٥.- يفضّل حميد ..
□ بنطلونا أبيض.
□ بنطلونا رماديا.
□ قميصا أبيض.

٦.- ثمن الملابس ..
□ ٤٥ €.
□ ٥٤ €.
□ ٩٠ €.

ألا / ليس ..؟
- كلاّ، لا ..
- بلى، نعم ..

تنزيلات.

٤.- اختر أنت وزميلك ملابس لكل شخص ثمّ قولا للصف كيف لبستما الشخصيّتين.

٥.- الصوتيات: ج / ش. ٤٧

- ضع علامة عند الكلمة التي تسمعها.

١.- □ جمال. / □ شمال.
٢.- □ حشيش. / □ خليج.
٣.- □ جيء. / □ شيء.
٤.- □ مجهول. / □ مشغول.
٥.- □ مجاهد. / □ مشاهد.
٦.- □ جلال. / □ شلال.

تنزيلات.

٦ـ. اقرأ هذا النصّ وأجب على الأسئلة.

في المركز التجاري.

في دكّان.

البائع: ممكن أساعدك؟

كارلوس: نعم. أريد شراء ملابس لإهدائها بمناسبة عيد الفطر.

البائع: لأولادك؟

كارلوس: لا. لأصدقاء من عمري.

البائع: إذن، ليس هنا. هذا قسم الأطفال. قسم النساء والرجال في الطابق السفلي. امش إلى الأمام والمصعد في آخر الممرّ.

كارلوس: شكرا.

في قسم النساء والرجال.

كارلوس: (بينه وبين نفسه) هناك أشياء كثيرة وجميلة. هل أشتري هذا البنطلون؟ لا، ليس جميلا. وهذا القميص؟ لا أعرف. وماذا أهدي لصديقتي ليلى؟ (بصوت مرتفع) عفوا يا آنسة، لو سمحت، هل تعملين هنا؟

البائعة: نعم. أي خدمة يا سيدي؟

كارلوس: أريد إهداء ملابس لفتاة عمرها ٢٠ سنة بمناسبة عيد الفطر ولكنّني ليس عندي فكرة.

البائعة: ألا تريد قفطانا أنيقا؟

كارلوس: كلّا. أفضّل شيئا آخر. ما رأيك في تي شيرت مكتوب عليه جملة بالعربية؟ أليس عندكم؟

البائعة: كلّا. آسفة. لا توجد تي شيرتات في هذا القسم. لم لا تذهب إلى قسم الشباب؟

في قسم الشباب

كارلوس: عفوا يا سيدي، من فضلك. هل عندكم تي شيرتات لبنت مكتوب عليها جملة بالعربية؟

البائع: طبعا. عندنا موديلات من آخر طراز. انظر.

كارلوس: أريد القياس المتوسط من هذا الموديل.

البائع: تفضّل معي. هذا؟

كارلوس: لا أحبّه كثيرا، بصراحة أفضّل شيئا آخر.

البائع: وذلك ألا تحبّه؟

كارلوس: بلى. وبكم؟

البائع: سعره ١٥٠ درهما.

كارلوس: طيّب. أريد واحد أبيض وآخر أسود.

البائع: كيف تدفع، نقدا أم ببطاقة الائتمان؟

كارلوس: بالبطاقة. تفضّل. وهذا جواز سفري.

البائع: تفضّل. مبروك. مع السلامة.

كارلوس: الله يبارك فيك. شكرا.

تنزيلات.

- الأسئلة.

١.- أين كارلوس؟ ______

٢.- عمّ يبحث كارلوس؟ ولمن؟ ______

٣.- هل يشتري شيئا من قسم الأطفال؟ ______

٤.- ماذا يرى في قسم النساء والرجال؟ ______

٥.- هل كارلوس في حاجة إلى مساعدة للشراء؟ ______

٦.- ماذا تقترح البائعة على كارلوس؟ ______

٧.- هل يقبل كارلوس اقتراح البائعة؟ ______

٨.- ماذا يطلب كارلوس من قسم الشباب؟ ______

٩.- كم تي شيرت يشتري كارلوس؟ ______

١٠.- ما ثمن الشراء؟ ______

٧.- اسأل زميلك لماذا يحبّ أو لماذا لا يحبّ هذه الأشياء.

مثال: ← لماذا تحبّ / لا تحبّ القميص؟
← لأنّه وردي.

لماذا؟
← لأنّ + الضمير المتّصل
← لأنّ + الاسم

وردي جميل
ممل أحمر
بنّي ممتع قديم أزرق
فضّي حديث
طويل ذهبي كبير برتقالي
بنفسجي عريض
أصفر ملوّن ضيّق قصير

قميص
تنّورة
قبعة
جاكيت
نظارة
ساعة
خاتم
كتاب
فيلم

تنزيلاتٌ .

٨.ـ أجب بالجواب المناسب. (نعم ـ لا ـ بلى ـ كلاّ).

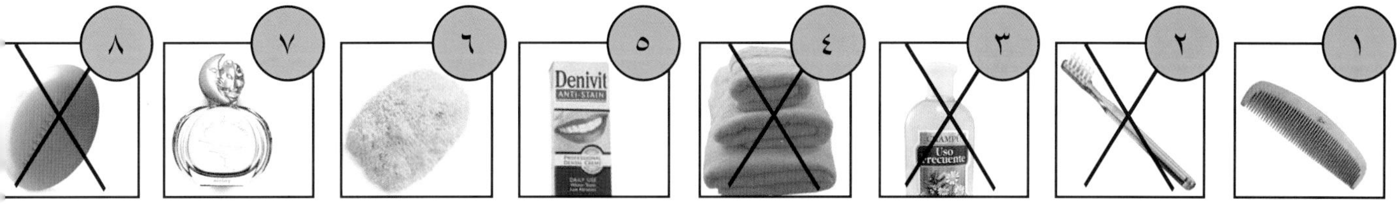

٨	٧	٦	٥	٤	٣	٢	١

١.ـ أليس عندك مشط في شنطتك؟

_____

٢.ـ هل تستعمل دائما فرشاة الأسنان بعد الأكل؟

_____

٣.ـ ألا تشتري الشامبو من الدكّان؟

_____

٤.ـ ألا تريد منشفة للحمّام؟

_____

٥.ـ ألك معجون للأسنان في خزانة الحمّام؟

_____

٦.ـ هل يتحمّم الطفل بالإسفنج؟

_____

٧.ـ ألا تهدي عطرا لخطيبتك في عيد ميلادها؟

_____

٨.ـ ألا يغسل كارلوس الصحون بالصابون؟

_____

٩.ـ أكمل الحوارات التالية مستعملا الأفعال الظاهرة بين القوسين.

١.ـ لا أعرف الكلمة.   ٤.ـ عندنا شكّ.
- (يبحث) _____ عنها في القاموس.   - (يسأل) _____ الأستاذ.

٢.ـ أنا حزينة.   ٥.ـ أنا عطشان.
- (يذهب) _____ إلى السينما.   - (يشرب) _____ كأس ماء.

٣.ـ أولادنا في لندن.   ٦.ـ ليست ملابسنا نظيفة.
- (يكتب) _____ لهم رسالة.   - (يغسل) _____ الملابس.

١٠.ـ يصف كلّ طالب زميلا مختلفا أمام الصف. على بقية الطلاب أن يعرفوا من هو الطالب الموصوف.

تمرينات.

١١.- اقرأ واكتب.

- اقرأ هذه الجمل.

- ٤٦.
- أفضّلها من القطن.
- نعم، أنا أبحث عن بدلة زرقاء.
- وأي قياس؟
- لا، شكرا. لا أحبّ اللون الأسود .
- ممكن أساعدك؟
- هل تحبّ البدلة من القطن أم من الصوف؟
- أنا آسف، عندنا هذا القياس ولكنّه باللون الأسود فقط.

- رتّب النصّ.

- ممكن أساعدك؟

١٢.- انظر إلى هذه المعلومات وأجب.

رقم السلعة.	السلعة.	اللون.	المادة.	الثمن.
١٢ - ٤٦	قميص.	أبيض. / أسود.	قطن. / صناعي.	١٠٠ دينار.
١٢ - ٤٧	حذاء.	أخضر. / رمادي.	جلد بقر. / جلد تمساح.	٢٥٠ دينار.
١٢ - ٤٨	تنّورة.	وردي. / أسود.	قطن. / صوف.	٥٠ دينار.
١٢ - ٤٩	بدلة.	رمادي. / أسود.	قطن١٠٠٪.	٥٠٠ دينار.

	صحيح	خطأ
١.- ثمن البدلة ٢٥٠ دينار.	□	□
٢.- ممكن تشتري قميصا أخضر.	□	□
٣.- ممكن تشتري تنورة سوداء بخمسين دينار.	□	□
٤.- الحذاء من جلد البقر.	□	□
٥.- البدلة من قطن ٥٠٪.	□	□
٦.- القميص رخيص ولكنّ الحذاء غالٍ.	□	□
٧.- رقم التنّورة هو ١٢ - ٤٨.	□	□
٨.- البدلة غالية جدّا.	□	□

١٣.- اكتب حوارا في مركز تجاري.

الدرس ٨. ليلةُ أحلامك.

الوظائف:

- التعبير عن السعادة أو الاستياء.
- الإعراب عن التفضيل.
- السؤال عن الأهداف أو الخطط.
- التعبير عن النية أو الرغبة في القيام بشيء ما.

ليلة أحلامك.

١.- اسمع وأجب.

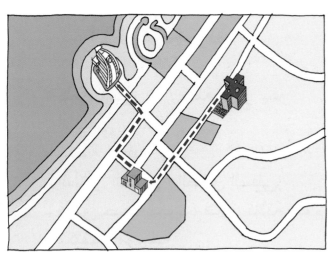

- الأسئلة.

١.- تريد منى غرفة ..

□ لأسبوع. □ لخمسة أيام. □ ليومين.

٢.- كيف تريد أن تكون الغرفة؟

□ غرفة فيها ثلاّجة. □ غرفة فيها حمّام. □ غرفة فيها شرفة.

٣.- الغرفة الفارغة هي ..

□ جناح. □ مزدوجة. □ مفردة.

٤.- تفضّل منى أن تكون الغرفة في ..

□ الطابق السفلي. □ الطابق الثالث. □ الطابق الثاني.

٥.- تحمل منى .. وحقيبة يد.

□ حقيبة صغيرة. □ حقيبة كبيرة. □ حقيبة متوسطة.

٦.- من سيساعد منى بالأمتعة؟

□البوّاب. □ الجزّار. □ الفلاّح.

٧.- ستزور منى في المدينة المتحف الوطني و..

□ الأسواق. □ البرج الحديث. □ القصبة القديمة.

٨.- هذه هي المرّة .. التي تزور منى المدينة.

□ التاسعة. □ السابعة. □ السادسة.

حتّى = إلى

قد + مضارع ≈ ممكن

ليلةَ أحلامك.

٢.- اسأل زميلك ماذا يفضّل؟

مثال: ماذا تفضّل غرفة مفردة أم غرفة مزدوجة؟
أفضّل غرفة مفردة.

أنْ + المنصوب

- كلمة باسبورت / كلمة جواز سفر.
- التاكسي / الحافلة.
- شنطة / حقيبة يد.
- الطابق العلوي / الطابق السفلي.
- فنادق خمسة نجوم / فنادق ثلاثة نجوم.
- مكيّف / مروحة.
- سخّان مركزي / سخّان كهربائي.

إنّ ≠ أنْ

٣.- تابع السلسلة.

واحد	**اثنان**	**ثلاثة**	**أربعة**	**خمسة**
الأول	الثاني	الثالث		
ستة	**سبعة**	**ثمانية**	**تسعة**	**عشرة**
السادس				

٤.- الصوتيات: د / ذ.

- أكمل النصّ التالي بـ د / ذ.

هـ ـ ه المـ ـ ينة مـ ـ ينة جـ ـ يـ ـ ة في بلـ ـ عربي. فيها فنا ـ ق ومطاعم كثيرة.
وفي مطاعمها يمكن أن تـ ـ وق طعامها التقليـ ـ ي وهو لـ ـ يـ ـ جـ ـ ا.
الآن أ ـ هب إلى ـ لك الفنـ ـ ق لأتحـ ـ ث مع صـ ـ يق.

ليلة أحلامك.

٥.- تخيّل أنّك مدير فندق فخم وأنّ زملاءك الموظّفون. اختر..

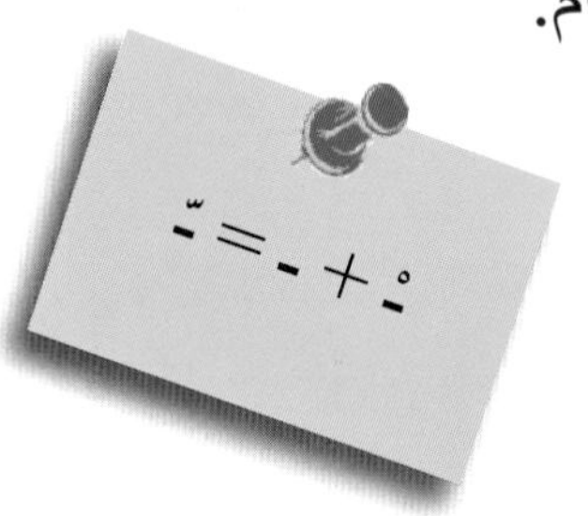

امرأة واطلب منها أن..
شخصين واطلب منهما أن..
مجموعة من النساء واطلب منهن أن..
مجموعة من الرجال واطلب منهم أن..

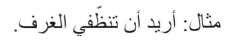

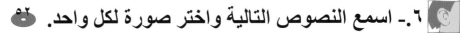

يُنظّف الغرف.
يرتّب الصالون.
يكتب قائمة بأسماء الزبائن.
يفتح الأبواب.
يتكلم بالهاتف.
يبحث عن المفاتيح.
يذهب إلى السوق.
يطبخ الطعام.

مثال: أريد أن تنظّفي الغرف.

٦.- اسمع النصوص التالية واختر صورة لكل واحد. ٥٢

ليلةَ أحلامك.

٧.- اكتب إنشاءا تذكر فيه ما سيفعله سمير خلال نهاية الأسبوع القادم مستعملا كلّ ما في هذا الجدول.

	الجمعة.	السبت.	الأحد.
صباحا	العمل في العيادة.	شرب القهوة.	رحلة إلى الريف مع خطيبته.
مساء	السفر إلى القرية.	مشاهدة فيلم.	شرب القهوة مع الأصدقاء.
ليلا	زيارة الوالدين.	الرقص في الديسكو.	الرجوع إلى المدينة.

٨.- اقرأ وتكلّم.

- اقرأ هذا النص واحفظه.

الموظّف: مرحبا.
النزيل: مرحبا. من فضلك أريد مفتاح الغرفة.
الموظّف: ما هو الرقم؟
النزيل: آسف. لا أتذكّره.
الموظّف: ليس هناك مشكلة. ما اسمك؟
النزيل: ابراهيم برود.
الموظّف: رقم غرفتك هو ٨٩٣.
النزيل: شكرا.
الموظّف: عفوا.

- مثّل الحوار مع زميلك مستعملا الأرقام التالية.

٢٣٥ ـ ٣٠٦ ـ ٥٤٨ ـ ١٢٥ ـ ٤١٢ ـ ٩٧٩ ـ ٦٦٦ ـ ٧٨٣.

ليلة أحلامك.

٩.- اقرأ النصّين وقارن بينهما.

١.- في مكان استراتيجي، في مركز مدينة الرياض التجاري الحديث، في قلب منطقة التسوّق، يقع **فندق الشلال** قريبا من المطار الدولي. فيه ١٧٧ غرفة ومنها غرف مفردة وغرف مزدوجة وأجنحة في ستّة طوابق. في كلّ غرفة شبكة انترنت وتلفزيون فضائي. آخر تكنولوجيا أيضا موجودة في قاعات الاجتماعات ففيها أجهزة سمعية- بصرية من آخر طراز وفيها أماكن لـ ٤٥٠ شخصا. في الفندق مطاعم متنوّعة: مطعم تقليدي، مطعم دولي وبوفيه. كما يوجد في الفندق مسبح مغطّى ومسبح في الهواء الطلق وناد رياضي. خدمات الفندق: شبكة انترنت، وتلفزيون فضائي، ومكيّف للهواء، ومراكز للياقة البدنية خاصة للعائلات، ومرفق الجولف، ومسبح في الهواء الطلق، ومسبح مغطّى، وخدمات التنظيف الجاف واستئجار السيارات.

	جدول	شلال
يقع في مدينة الرياض.	☐	☐
يقع في المدينة القديمة.	☐	☐
هو قريب من المطار.	☐	☐
فيه أربعة طوابق.	☐	☐
فيه غرف مختلفة.	☐	☐
في كل غرفة خدمة الانترنت.	☐	☐
في كل غرفة تلفزة.	☐	☐
فيه سخّان مركزي.	☐	☐
فيه قاعات الاجتماعات.	☐	☐
فيه مسبح.	☐	☐
فيه مطاعم مختلفة.	☐	☐
في طابقه العلوي مقهى.	☐	☐

٢.- **نزل جدول** للعائلات يتكوّن من أربعة طوابق. يقع في وسط مدينة الرياض. هذا النزل الصغير يقدّم وجبات الفطور والغداء لكل نزيل وفيه ثمانية أجنحة خاصّة وفي كل غرفة هاتف وتلفاز وثلاّجة وحمّام كامل. في الطابق الرابع مطعم تقليدي وأيضا مقهى يطلّ على المدينة العتيقة والأسواق. في قسم الاستقبال قاعة فيها خدمة الانترنت لـ ٢٠ شخصا.

المراجعة ٥ / ٨.

أنشطة التعليم.

١.- فكر فيم تعلمت خلال هذه الدروس واكتب في الجدول الأشياء أو التمارين التي تمتعت بها أكثر في الفصل وفي البيت.

	في الفصل	في البيت
الاستماع	________	________
القراءة	________	________
الكلام / القول	________	________
الكتابة	________	________

٢.- اكتب كلمات، أفعالا، جملا وتمارين تحبها أو لا تحبها.

- ثلاث كلمات تحبها:

________ ________ ________

- ثلاث جمل تحب أن تقولها:

١________

٢________

٣________

- تمرين تحبه كثيرا:

____

- تمرين لا تحبه بالمرة:

____

- أسهل شيء:

____

- أصعب شيء:

____

- قارن مع زميلك.

المراجعة ٥ / ٨.

أعرف:

- ☐ الاسم المثنّى (كبيران – كبيرتان).
- ☐ النعت والمنعوت: أنف كبير.
- ☐ الجملة الفعلية: أدرس العربية.
- ☐ استعمال «إنّ»: إنّ فمه صغير.
- ☐ أعضاء الجسم: رأس، قدم..
- ☐ الألوان: أحمر، أصفر..
- ☐ مفردات الأنشطة اليومية.
- ☐ ظروف الزمان: صباحا، مساء..
- ☐ أيام الأسبوع: الأحد، الثلاثاء..
- ☐ مفردات وتعابير الشراء.
- ☐ مفردات اللباس: قميص، بدلة..
- ☐ استعمال الأمر: انظر إلى هذه البدلة.
- ☐ استعمال المصدر: الشراء..
- ☐ الجملة الفعلية النفية: لا أحبّ هذا.
- ☐ استعمال الأعداد من ١١ إلى ١٠٠٠.
- ☐ مطابقة الجمع غير العاقل: مدن حديثة.
- ☐ استعمال «لماذا - لأنّ»: لماذا تشتري هذا القميص؟ - لأنّني أحبه.
- ☐ استعمال «كم / بكم»: بكم هذه التنورة؟
- ☐ التعبير «في حاجة إلى»: أنا في حاجة إلى بدلة جديدة.
- ☐ استعمال «قد + المضارع»: قد أسافر إلى الهند هذه السنة.
- ☐ مفردات الفندق والسكن: مزدوجة..
- ☐ الأرقام الترتيبية: الثاني، الثالث..
- ☐ استعمال «غير»: غير موجود.
- ☐ استعمال «س+ المضارع»: سأحجز غرفة في الفندق الكبير.
- ☐ استعمال «أن + فعل»: أريد أن تدرسي.

أستطيع أن:

	قليلا	جيد	جيد جدا	ممتاز
أصف نفسي أو شخصا ما.	☐	☐	☐	☐
أتكلم عن الحالات النفسية والأحاسيس.	☐	☐	☐	☐
أدعو شخصا.	☐	☐	☐	☐
أتكلم عن الأنشطة اليومية.	☐	☐	☐	☐
أقبل أو أرفض دعوة.	☐	☐	☐	☐
أطلب شيئا ما.	☐	☐	☐	☐
أتكلم عن الشراء.	☐	☐	☐	☐
أعطي أمرا.	☐	☐	☐	☐
أتكلم عما أحبه أو لا أحبه.	☐	☐	☐	☐
أعطي نصيحة.	☐	☐	☐	☐
أطلب الرأي.	☐	☐	☐	☐
أسأل عن التفضيل.	☐	☐	☐	☐
أتكلم عن السكن والفندق.	☐	☐	☐	☐

المراجعة ٥ / ٨.

المفردات.

١.- ما هي الكلمة الدخيلة.

١.- الثاني - الخمسة - الرابع - السادس - العاشر.
٢.- الأربعة - الاثنين - الجمعة - الخميس - السبت.
٣.- أصفر - جائع - حزين - عطشان - غضبان.
٤.- ثالثا - صباحا - ظهرا - ليلا - مساء.
٥.- أيس كريم - حلقات - شاي - عصير - قهوة.

٢.- اكتب الكلمات التالية في المكان المناسب.

أذن، تنورة، جزمة، جينز، حذاء، رأس، رجل، سخّان، صدر، طابق، غرفة، فستان، قدم، مزدوجة، مكيّف، يتعشى، يشاهد، يغسل، يلعب، ينظّف.

ملابس	جسم	أنشطة	فندق

٣.- أنت مدير فندق وتريد أن تكتب نصا عن الفندق لموقع إنترنت (اسم، غرف، أثمنة، إلى آخره).

المراجعة ٥ / ٨.

٤.- اكتب تحت كل صورة اسمها.

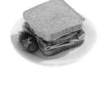

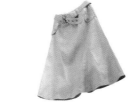

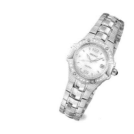

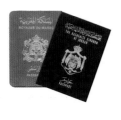

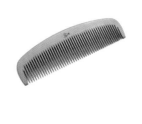

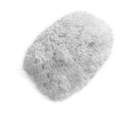

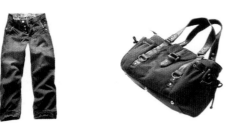

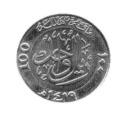

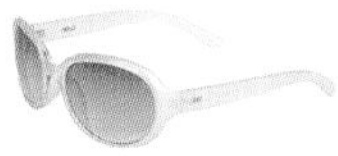

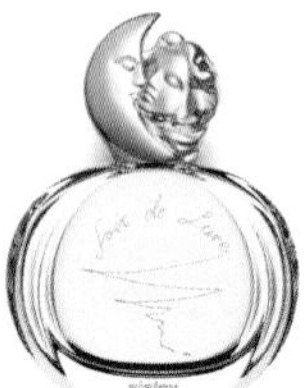

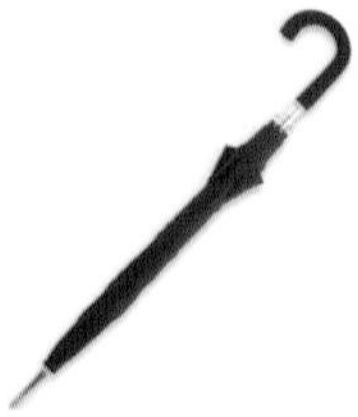

المراجعة ٥ / ٨.

إجابات متعددة.

١.- هي لها كلبان ___.

□ كبيران □ كبيرتان □ كبيرة

٢.- أختها طويلة وجميلة و___.

□ أشقر □ أسمر □ شقرأ

٣.- هي سمينة وشعرها ___.

□ سمراء □ طويلة □ قصير

٤.- سيارتها ___.

□ أحمر □ بيضاء □ كبير

٥.- سليم ولد جميل و___ طويل.

□ أنفه وفمه □ بطنه □ شعره

٦.- أنا ___ الرياضة كل صباح.

□ أتعشى □ أغسل □ أمارس

٧.- كل يوم آخذ دوشا ___ أتناول الفطور.

□ ثمّ □ بعد □ صباحا

٨.- يذهب المسلمون إلى المسجد يوم ___.

□ الجمعة □ الشروق □ الظهر

٩.- الماء، الماء، من فضلك. أنا ___.

□ جائعة □ عطشى □ متعب

١٠.- يوم الجمعة بعد يوم ___.

□ الأربعاء □ السبت □ الخميس

١١.- سنشتري ___ في محل ملابس.

□ جاكيت □ فرشاة أسنان □ نظارة

١٢.- كيف تريد أن تدفع ___ أم ببطاقة الائتمان؟

□ جواز سفر □ مجانا □ نقدا

١٣.- يا بنات، ___ هذه الغرفة.

□ اشربن □ رتّبن □ رتّبوا

١٤.- أريد ___ حذاء أحمر لأختي.

□ أشتري □ إهداء □ ذهاب

١٥.- هذا الفندق عنده خمس ___.

□ نجم □ نجمة □ نجوم

١٦.- أنا أحبّ أن أزور المراكز ___.

□ التجاري □ التجارية □ تجاري

١٧.- تلعب بنتي الصغيرة بالكرة مع بنات ___ أخريات.

□ صغار □ صغيرات □ صغيرة

١٨.- ___ تفضل القميص الأحمر؟ - لأني أحب اللون الأحمر كثيرا.

□ لماذا □ ما □ ماذا

١٩.- أسكن في الطابق ___.

□ السادس □ السادسة □ الستة

٢٠.- يا شباب، أريد أن ___ الدرس الثالث للغد.

□ تدرسن □ تدرسوا □ تدرسون

الدرس ٩. برًّا بحرًا وجوًّا.

الوظائف:

- التأكد من أن الكلام مفهوم.
- الاهتمام بشيء قد حدث في الماضي.
- الإخبار والإعلان عن حدث في الماضي.
- التعبير عن رأي ما.

برًّا بحرًا وجوًّا.

١.- اسمع وأجب.

- الأسئلة.

١.- كيف كانت رحلة رشيد؟

٢.- ما هو سبب السفر؟

٣.- من يسكن في مدينة الجزائر؟

٤.- أين ركبوا الباخرة؟

٥.- كيف سافروا من وهران إلى الجزائر العاصمة؟

٦.- هل ذهبوا إلى القرية بالحافلة؟

٧.- كم يوما بقوا في العاصمة؟

٨.- كيف كان الرجوع؟

٩.- متى سافر رشيد آخر مرّة إلى بلده؟

٢.- اختر مدينتين من القائمة واسأل زميلك كيف يمكنه أن يسافر من مدينة إلى مدينة.

مثال: ← (برشلونة – باريس). كيف تسافر من برشلونة إلى باريس؟

← أسافر من برشلونة إلى باريس بالطائرة أو بالقطار أو بالسيارة أو بالحافلة أو بالدرّاجة النارية.

- برشلونة	- الرباط	- طوكيو	- كاراكاس	- دمشق
- باريس	- الجزائر	- بكين	- نيويورك	- بغداد
- لندن	- تونس	- كابول	- بوغوتا	- صنعاء
- روما	- القاهرة	- طهران	- هافانا	- عمّان
- آثينا	- دار السلام	- مانيلا	- ليما	- القدس

الموتور

الحافلة

القطار

الباخرة

السيّارة

الطائرة

برًّا بحرًا وجوًّا.

٣.- اقرأ واكتب.

- اقرأ هذه السيرات الذاتية.

كريستوفر كولومبوس: (١٤٥١ - ١٥٠٦ م.) رحالة إيطالي مشهور ينسب إليه اكتشاف العالم الجديد (أمريكا). ولد في مدينة جنوة في إيطاليا. عبر المحيط الأطلسي ووصل الجزر الكاريبية في ١٤٩٢ م. (سنة سقوط غرناطة)، لكن اكتشافه لأرض القارة الأمريكية الشمالية كان في رحلته الثانية عام ١٤٩٨ م.

ابن بطوطة: هو طنجوي، رحّالة مؤرخ. ولد في طنجة سنة ٧٠٣ هـ./١٣٠٤ م. بالمغرب الأقصى. وخرج منها سنة ٧٢٥ هـ. وزار بلاد المغرب ومصر والشام والحجاز والعراق وفارس واليمن والبحرين وتركستان والهند والصين. اتصل بكثير من الملوك والأمراء. وعاد إلى المغرب الأقصى.

ماركو بولو: ولد في ١٢٥٤م. في البندقية، إيطاليا وتوفي في ١٣٢٤م. في البندقية. هو تاجر ومستكشف من البندقية. كان هو وأبوه وعمه أوّل الغربيين الذين سلكوا طريق الحرير إلى الصين.

ماشيا = على القدمين

- أكمل الجمل التالية.

١.- قد سافر ماركو بولو إلى آسيا ______________ .

٢.- قد رحل ابن بطوطة من المغرب إلى المشرق ______________ .

٣.- قد اتّجه كولومبوس إلى أمريكا ______________ .

٤.- ذهب المسلم إلى مكّة ______________ .

٥.- رجعت من القرية ______________ .

٤.- بين زميلين: وسائل النقل.

اسأل زميلك ما رأيه في..

السيّارة – الطائرة – القطار – السفينة
الدرّاجة – الباخرة – الباص – الحافلة
الدرّاجة النارية – الحمار – العربة.

أجب زميلك مستعملا المفردات التالية وغيره

سريع – بطيء – مريح – غير مريح – متعب
خطير – رومنطيقي – مفيد – مضحك.

مثلا: ← ماذا تفكّر عن السيارة كوسيلة للنقل؟ ← أفكّر أنّ السيّارة / أفكّر أنها مفيدة.

يرًّا بحرًا وجوًّا.

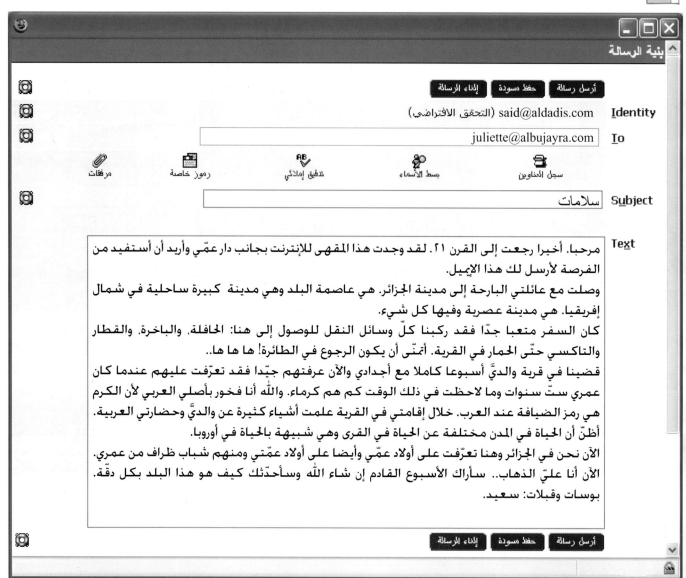

٥.- اقرأ وابحث عن الجمل الصحيحة.

بنية الرسالة

أرسل رسالة | حفظ مسودة | إلغاء الرسالة

Identity: said@aldadis.com (التحقق الافتراضي)

To: juliette@albujayra.com

سجل العناوين | بسط الأسماء | تدقيق إملائي | رموز خاصة | مرفقات

Subject: سلامات

Text:

مرحبا. أخيرا رجعت إلى القرن ٢١. لقد وجدت هذا المقهى للإنترنت بجانب دار عمّي وأريد أن أستفيد من الفرصة لأرسل لك هذا الإيميل.

وصلت مع عائلتي البارحة إلى مدينة الجزائر. هي عاصمة البلد وهي مدينة كبيرة ساحلية في شمال إفريقيا. هي مدينة عصرية وفيها كل شيء.

كان السفر متعبا جدّا فقد ركبنا كلّ وسائل النقل للوصول إلى هنا: الحافلة، والباخرة، والقطار والتاكسي حتّى الحمار في القرية. أتمنّى أن يكون الرجوع في الطائرة! ها ها ها..

قضينا في قرية والديَّ أسبوعا كاملا مع أجدادي والآن عرفتهم جيّدا فقد تعرّفت عليهم عندما كان عمري ستّ سنوات وما لاحظت في ذلك الوقت كم هم كرماء. والله أنا فخور بأصلي العربي لأن الكرم هي رمز الضيافة عند العرب. خلال إقامتي في القرية علمت أشياء كثيرة عن والديَّ وحضارتي العربية.

أظنّ أن الحياة في المدن مختلفة عن الحياة في القرى وهي شبيهة بالحياة في أوروبا.

الآن نحن في الجزائر وهنا تعرّفت على أولاد عمّي وأيضا على أولاد عمّتي ومنهم شباب ظراف من عمري.

الآن أنا عليّ الذهاب.. سأراك الأسبوع القادم إن شاء الله وسأحدّثك كيف هو هذا البلد بكل دقّة.

بوسات وقبلات: سعيد.

أرسل رسالة | حفظ مسودة | إلغاء الرسالة

- الجمل.

١.- رجع سعيد من القرية إلى مدينة عصرية.

٢.- كتب سعيد الرسالة من مكتبة.

٣.- المدينة ليست عاصمة البلد.

٤.- سعيد في فترة عطلته.

٥.- ركب الطائرة للوصول إلى الجزائر.

٦.- أقام سعيد في القرية لمدّة أسبوعين.

٧.- عرف سعيد ما معنى الضيافة عند العرب.

٨.- سعيد فخور جدّا بأصله العربي.

٩.- فضّل سعيد الحياة في القرية.

١٠.- تعرّف سعيد على أبناء خاله.

أظنّ أنّ

برًّا بحرًا وجوًّا.

٦.- اسمع واكتب.

- اسمع الجمل واختر الصورة المناسبة لكل جملة من الجمل المسموعة. ٥٧

- اكتب السفر بالكامل.

عطلة رأس السنة.

لـ + م
لم

٧.- الصوتيات: ت / ط. ٥٩

- اسمع واكتب الحرف الناقص.

ـــائرة - ـــاكسي - ـــلميذ - ـــالب - ـــبيب - ـــالية

ـــمام - ـــعام - ـــمـــمة - ـــابق - ـــابوت - ـــابور.

برًّا بحرًا وجوًّا.

٨.- اختر مدينة ما وقل للصف أين تقع: القارة والبلد مستعملا الجهات الأربعة.

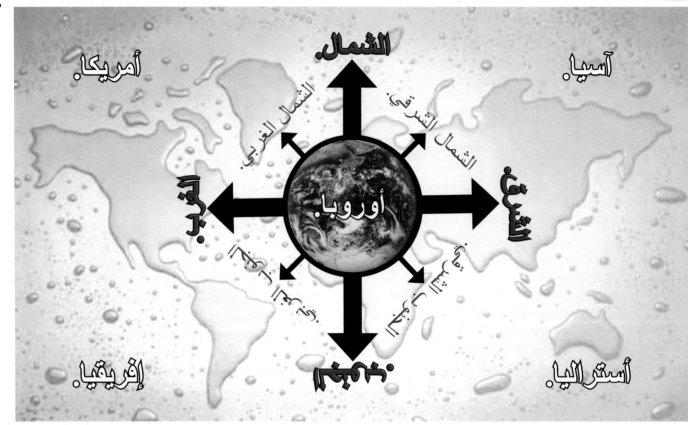

٩.- تكلّم مع زميلك عن رحلة صديقته سائلا عن: المكان، وسيلة النقل والأنشطة التي قامت بها.

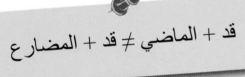

قد + الماضي ≠ قد + المضارع

١٠.- اقرأ واسمع.

- رتّب الحوار.

__إلى أين ذهبت في الإجازة الماضية؟
__أنت وحدك؟
__زرنا الأهرام وأبو الهول والمتحف المصري.
__سافرت إلى القاهرة.
__طبعا. اشترينا هدايا تقليدية.
__قضينا أسبوعا كاملا.
__لا، ذهبت مع أصدقاء الجامعة.
__لا، ركبنا الباخرة حتّى الإسكندرية ومن

هناك بالسيارة إلى القاهرة.
١ مساء الخير.
__مساء النور.
__ممتاز. أوّد أن أسافر مثلك.
__هل ذهبتم بالطائرة؟
__وكم يوما قضيتم في مصر؟
__وماذا زرتم في القاهرة؟
__يا سلام! وألم تشتروا هدايا في السوق؟

- اسمع وقارن. ٦١

١١.- اكتب نصّا حول سفرك الأخير إلى مدينة ما.

الدرس ١٠. فاكهةٌ طازجةٌ.

الوظائف:

- إعطاء أمر (أو النهي).
- طلب شيء ما.
- الاقتراح.
- قبول طلب.
- رفض طلب.
- الإعراب عن التفضيل.
- السؤال عن الأذواق والاختيارات.
- طلب الإذن.
- إعطاء الإذن.

فاكهة طازجة.

١.- اسمع الحوار وضع علامة بجانب المأكولات التي تسمعها. ٦٤

□ إجاص □ أناناس □ باذنجان □ برتقال □ بصل □ بطاطا

□ بطّيخ □ بقدونس □ بنّ □ بيرة □ تفّاح □ تمر

□ ثوم □ جزر □ حليب □ حمّص □ خسّ □ خلّ

□ خمر □ لحم خنزير □ خيار □ دجاج □ رزّ □ زعفران

□ زيت □ سكّر □ سمك □ شكولاتة □ شمّام □ طماطم

□ عدس □ عسل □ عصير □ عنب □ فانيلاّ □ فراولة

□ فاصوليا □ فلفل □ فلفل أسود □ فول □ قرفة □ كوكاكولا

□ لحم بقر □ لحم خروف □ لوز □ ليمون □ ملح □ موز

فاكهة طازجة.

٢.- اكتب في المكان المناسب كل الكلمات التي لم تسمعها في التمرين ١.

مشروبات.		لحم وسمك.		فواكه وخضر.		بقول وتوابل.	

٣.- اقرأ وتكلّم.

دجاج – دجاجة
خسّ – خسّة
تفّاح – تفّاحة

- اقرأ الحوارات التالية.

١.- عند الخضري.
الزبون: صباح الخير.
البائع: صباح النور.
الزبون: لو سمحت. أريد كيلو جزر.
البائع: تحت أمرك يا سيّدي.. تفضّل.
الزبون: وأعطني أيضا خسّة ونصف كيلو بصل.
البائع: شيئا آخر؟
الزبون: لا، شكرا.

المساومة

٢.- عند الفاكهاني.
الزبونة: يا سيّدي، هل عندكم فواكه طازجة؟
البائع: عندي موز ممتاز وإجاص لذيذ.
الزبونة: مممم.. أعطني كيلو إجاص، من فضلك.
أفضّل الإجاص على الموز.
البائع: تفضّلي.

٣.- عند البقّال.
الزبونة: أنا مستعجلة، أعطيني علبة تون وكيس معكرونة وزجاجة زيت، من فضلك.
البائعة: ليس عندنا اليوم تون، هل تفضّلين علبة سردين.
الزبونة: لا، آخذ فقط المعكرونة والزيت.

فاكهة طازجة.

<u>٤.- عند الجزّار.</u>
الزبونة: كم الحساب؟
البائع: ٥٦ يورو.
الزبونة: ٥٦ يورو لكيلو عجل ودجاجة وربع كيلو لحم مفروم.. مستحيل.
البائع: سامحيني.. كلّه بـ ٣٥ يورو، عفوا.
الزبونة: آه.. هكذا نعم.

- مثّل حوارا مع زميلك فيه: سلامات، وطلب، وحساب وتوديع.

٤.- اسمع الحوار ثمّ اكتب في المكان المناسب ماذا تشتري المرأة. ٦٦

كيلو	نصف كيلو	ربع كيلو	مئتا غرام	لتر	قطعة
______	______	______	______	______	______

٥.- اسمع هذه الكلمات ورتّبها. ٦٨

__ قفطان

__ كوفية

__ طربوش

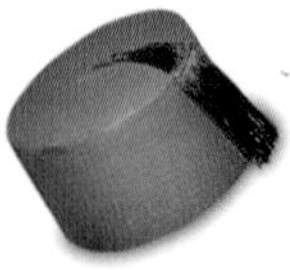

__ منديل

__ بابوج

__ جلابية

فاكهة طازجة.

٦.- أكمل بالنفي.

لا شكرَ على واجب.
لا أحدَ.
لا شيءَ.
لا فرقَ.

١.- شكرا يا سيّد. ← __________ على واجب.

٢.- ما الفرق بين بيت ودار؟ ← __________ بينهما.

٣.- من يعرف المستقبل؟ ← __________ يعرفه.

٧.- الصوتيات: س / ص. ٧٠

- اسمع الكلمات التالية واكتبها في الجدول المناسب.

س	ص

٨.- قل للزملاء ما تفضّله من المأكولات. لا تكرّر الأشياء التي اخترتها.

مثال: أفضّل البرتقال على الليمون.

~~الليمون.~~
الفول.
البصل.
السمك.
الحمّص.
الشمّام.
الخنزير.
الموز.
البيرة.

أَ - إِ - أُ
أَمريكا - إِسبانيا - أُوروبا.

٩.- ارم هذه الأشياء في الحاوية المناسبة وقل للصف.

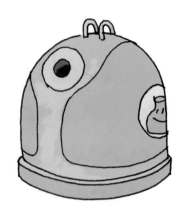

١. أنبوبة معجون للأسنان.
٢. جريدة.
٣. زجاجة عصير.
٤. زجاجة عطر.
٥. علبة بسكويت.
٦. علبة حليب.
٧. علبة سجائر.
٨. علبة سردين.
٩. علبة كولا.
١٠. قنّينة بيرة.
١١. كيس بلاستيك.
١٢. كيس سكّر.

١٠.- اقرأ وتكلّم.

- اقرأ: الأسواق العربية.

تتميّز المدن العربية بأسواقها الكبيرة فتجمع بين المنتجات التقليدية والسلع الحديثة. من البضائع الحديثة المختلفة نجد الملابس العربية والأوروبية، والمنتجات الجلدية، والأدوات الكهربائية وغيرها. ويجد الزائر فيها كلّ ما يحتاج إليه وما يريده من منتجات الحرف التقليدية والشعبية والهدايا التذكارية.

إنّ الاسواق مراكز رئيسية للمدينة ففيها حركة دائمة: في النهار ،كما قلنا، هي مراكز تجارية يأتي إليها زبائن محلّيون وزوّار من كلّ أنحاء العالم أمّا في الليل فتصبح حيّا من أحياء المدينة وسكّانها فيها يلدون، يعيشون ويموتون.

ومن الأسواق الجميلة والمشهورة تبرز سوق الحمدية في دمشق، خان الخليلي في القاهرة وأسواق أخرى مثل سوق مدينة فاس، تونس أو حلب.

- تكلّم عن الأسواق التقليدية والشعبية.

- هل تعرف أسواق أخرى مشهورة؟
- كيف هي الأسواق في مدينتك أو قريتك؟
- ماذا تفضّل : السوق التقليدي أم الحديث؟
- ما رأيك في الأسواق العربية؟
- هل تجد كل شيء في هذه الأسواق؟
- قارن بين الأسواق العربية والأوروبية.

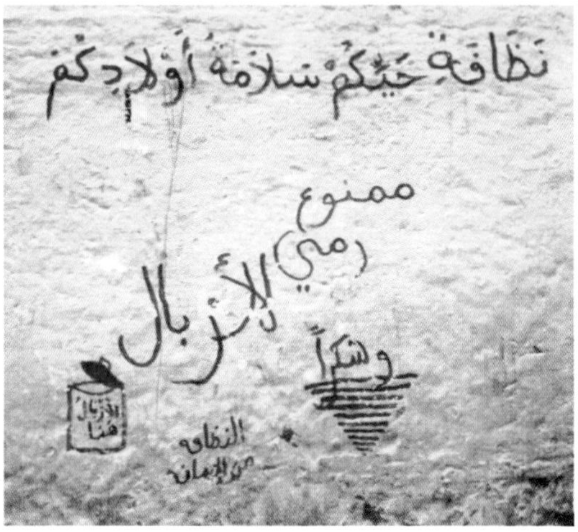

الدرس ١١. شهيّةً طيّبةً.

الوظائف:

- الدعوة.
- عرض شيء ما.
- طلب شيء ما.
- طلب الرأي.
- الاقتراح.
- قبول دعوة أو عرض.
- رفض دعوة أو عرض.
- التعبير عن القبول.
- التعبير عن الرفض.

شهيّةً طيّبةً.

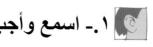

١.- اسمع وأجب. ٧٣

- الأسئلة.

١.- لماذا ذهب سمير ومريم إلى المطعم؟

٢.- لماذا اختارا مطعم بيروت؟

٣.- ما هي وجبة الغداء؟

٤.- ألا تأكل مريم لحما؟

٥.- ماذا يقدّم بطرس لمريم وسمير في آخر الطعام؟

٦.- كيف كان الحساب؟

المدير

منطقة خاصة
لغير المدخنين

شهيّة طيّبة.

٢.- اكتب هذه الأطباق في المكان المناسب.

~~حمص.~~	ورق عنب.	بصطيلة.
كفتة.	بوظة.	متبّل.
دجاج مشوي.	مقلوبة.	فاكهة.
رزّ بالحليب.	كريم كراميل.	كباب.
شوربة خضر.	لبن زبادي.	كسكس.

الطبق الأوّل.	الطبق الثاني.	الحلويات.
حمّص		

٣.- اقرأ واكتب.

- اسمع الحوار وأشر إلى ما طلبه كل واحد منهم. ٧٥

	مرسيل	مريم	فاطمة
المقبلات / الطبق الأوّل.			
- سلطة مشوية.	☐	☐	☐
- حمص.	☐	☐	☐
- تبولة.	☐	☐	☐
- شوربة دجاج.	☐	☐	☐
- شوربة بصل.	☐	☐	☐
الطبق الرئيسي.			
- كباب.	☐	☐	☐
- كسكس بالخضر.	☐	☐	☐
- كسكس باللحم.	☐	☐	☐
- كفتة.	☐	☐	☐
الحلويات.			
- سلطة فاكهة.	☐	☐	☐
- كنافة.	☐	☐	☐
- حلويات عربية.	☐	☐	☐
- أيس كريم.	☐	☐	☐

- اكتب ما طلبه كل زبون.

شهيّة طيّبة.

٤.- بين زميلين: الطالب الأوّل يطلب الإذن من الطالب الثاني، وهذا يجيب بالنفي.

١.- ممكن أشرب كولا؟
٢.- ممكن آخذ عصير برتقال؟
٣.- ممكن أدخّن في المطعم؟
٤.- ممكن أجلس على هذه الطاولة؟
٥.- ممكن أدفع الحساب الآن؟
٦.- ممكن أذوق الحلويات؟

٥.- املأ الفراغات بالتعبير المناسب.

ألا تريدين - بالنسبة لي- بلى - فكرة ممتازة - لا أرغب في - لم لا - ما رأيك في - هاتي - هيا بنا - ولكن

الرجل: اليوم عيد ميلادي. أدعوك إلى مطعم.
المرأة: هذه ________. ________ الذهاب إلى مطعم أرجنتيني؟
الرجل: لا. أنا لا آكل اللحم. أنا نباتي. ________ الذهاب إلى مطعم إيطالي؟
المرأة: ________، البيتزا لا بأس بها ________ آكلها في بيتي. ________ نذهب إلى مطعم إسباني ونأكل سمكا مشويا.
الرجل: شكرا ولكنني ________ المأكولات الإسبانية. ________ المأكولات العربية أحسن. ________ نذهب إلى مطعم عربي ونذوق الكسكسي المغربي المشهور؟
المرأة: ولكن الكسكسي فيه لحم.
الرجل: أنا أعرف مطعما تونسيا يقدّمون فيه الكسكسي بدون لحم. هو مطعم عربي نباتي، ________ جهاز التليفون لأتصل بالمطعم لحجز طاولة.

٦.- قدّم للصف وجبتك المفضّلة التي تتكوّن من: المقبلات، والطبق الأوّل، والطبق الثاني (الرئيسي)، والحلويات، والمشروبات.

كتابة الهمزة في وسط الكلمة.

ـِ	ـُ	ـَ / ـْ
رئيس	مسؤول	؟
		↓
سُؤال / مئة / سأل / مسألة		

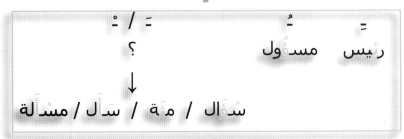

شهيّةً طيّبةً.

٧.- اربط بين الحروف واكتب الهمزة بالشكل المناسب.

١.- يَ + ءْ + خُ + ذُ:

٢.- كَ + ءْ + س:

٣.- تَ + قْ + رَ + ءُ + و + نَ:

٤.- سَ + ا + ءِ + ل:

٥.- مُ + ءَ + خِّ + ر:

٦.- بِ + ءْ + ر:

٧.- لُ + ءْ + لُ + ءَ + ة:

٨.- رِ + ءَ + ا + سَ + ة:

٩.- مُ + تَ + ءَ + خِّ + ر:

١٠.- جِ + ءْ + تُ:

١١.- تَ + قْ + رَ + ءِ + ي + نَ:

١٢.- شُ + ءُ + و + ن:

١٣.- مَ + ءْ + كُ + و + لَ + ا + ت:

١٤.- جَ + ا + ءِ + ع:

٨.- اربط بين الحوار والصورة. ٧٧

الحوار___

الحوار___

الحوار___

الحوار___

الحوار___

الحوار___

شهيّة طيّبة.

ساخن

بارد

سليخ

حامض

حارّ

حلو

مرّ

مالح

٩.- اكتب ثلاثة مأكولات أو مشروبات في كل مكان.

حارّ	حامض	حلو	سليخ	مالح	مرّ

١٠.- مثّلوا المسرحية في المطعم.

- الطالب ١: النادل.
- الطالب ٢: زبون نباتي.
- الطالب ٣: زبون لا يشرب الكحول.
- الطالب ٤: زبون لا يحبّ الخضر.

* شرط: اطلبوا من النادل وجبة واحدة واتّفقوا أنتم الثلاثة.

١١.- الصوتيات: د / ض. ٧٩

- ضع علامة عند الكلمة التي تسمعها.

□ دافئ. / □ ضابط.
□ مريض. / □ مزيد.
□ بعد. / □ بعض.
□ درس. / □ ضرب.
□ ضمير. / □ دليل.
□ مضيفة. / □ مديرة.

تكتب البنت الرسالة.
تكتب البنت رسالة.
ماذا تكتب؟ رسالة.

يأكل الولد السمك.
يأكل الولد سمكا.
ماذا يأكل؟ سمكا.

الدرس ١٢. نجحنا والحمد للّه.

الوظائف:

- التعبير عن النية أو الرغبة في عمل شيء ما.
- طلب النصيحة.
- السؤال عن الأهداف أو الخطط.
- التقديم أو التقديم الشخصي بشكل رسمي.
- التفاعل مع التقديم.
- التعبير عن التقدير.
- طلب الإيضاح أو الشرح من شخص ما.
- السؤال عن اللوازم والاحتياجات.
- الجواب على اللوازم والاحتياجات.

نجحنا والحمد لله.

١.- اسمع وأجب. ٨٢

- الأسئلة.

١.- أين تلتقي فاطمة بصديقها؟

٢.- ماذا يدرسان؟

٣.- كيف أستاذهما؟

٤.- كيف دروس اللغة العربية في معهد اللغات؟

٥.- متى ستبدأ دروس اللغة العربية؟

٢.- اسأل زميلك بماذا يهتم؟

مثال: هل تهتم بمشاهدة الأفلام العربية؟

- الأفلام العربية.	- المطالعة.
- المسلسلات.	- اللغات.
- كرة القدم.	- الموضة.
- الأبراج.	- السياسة.
- الفنّ.	- الرياضة.

الموادّ
التاريخ: جيّد جدًا.
الرياضيات: جيّد.
العلوم: مقبول.
الجغرافيا: راسب.

كتابة الهمزة في آخر الكلمة.

ـأ / ـؤ / ـئ	ـء
↓	↓
ـَأ / ـُؤ / ـِئ	ـْء / ـاء / ـوء / ـيء
قرَأ / لؤلُؤ / شاطِئ	جزْء / ابتداء / هدوء / بريء

نجحنا والحمد لله.

٣.- الصوتيات: ذ / ظ. ٨٤

- اسمع واكتب الحرف الناقص.

لـــ يـــ - يـــ وق - ينـــ ف - يـــ هب - ـــ هر - أستا ـــ

إـــ اعة - نـــ ارة - نـــ ام - يأخـــ - ـــ لام - مو ـــ ف.

٤.- اربط الحروف واكتب الهمزة بالشكل المناسب.

١.- ضَ + وْ + ء: ___________
٢.- بَ + دَ + ء: ___________
٣.- بُ + طْ + ء: ___________
٤.- ا + بْ + تَ + دَ + ء: ___________
٥.- أ + جْ + زَ + ا + ء: ___________
٦.- بَ + دْ + ء: ___________
٧.- زُ + مَ + لَ + ا + ء: ___________
٨.- مَ + قْ + رُ + و + ء: ___________
٩.- مَ + ا + ء: ___________
١٠.- خَ + ا + طِ + ء: ___________
١١.- وُ + ضُ + و + ء: ___________
١٢.- شَ + يْ + ء: ___________
١٣.- شِ + تَ + ا + ء: ___________
١٤.- وَ + طِ + ء: ___________

٥.- اسمع وقل.

- اسمع وضع علامة عند الملخّص المناسب. ٨٦

□ ١.- يتحدّث المذيع وكارلوس عن الموادّ الدراسية في المدارس الإبتدائية والثانوية والإمتحانات فيها.

□ ٢.- يتحدّث المذيع وكارلوس عن طلاّب الجامعة ومشاكلهم في البحث عن العمل بعد التخرّج.

□ ٣.- يتحدّث المذيع وكارلوس عن معاهد اللغات وطلاّبها وفترة التسجيل فيها.

- تحدّث عن هذه المواضيع أمام الصف.

١.- أين تستطيع أن تدرس اللغة العربية ولغات أخرى في مدينتك؟
٢.- من يدرس معك في الصف؟ (المهنة، الجنسية، المستوى الدراسي، ولغاتهم المتكلّمة).
٣.- من يدرس بسبب العمل ومن للمتعة في صفّك؟

نجحنا والحمد لله.

٦.ـ ارسم مروحتك اللغوية. أعط الرسم لزميلك وهو سيقول للصف أي لغات تتحدّث وأين تتكلّمها، وكيف تستخدمها، وأين درستها؟

المروحة اللغوية.

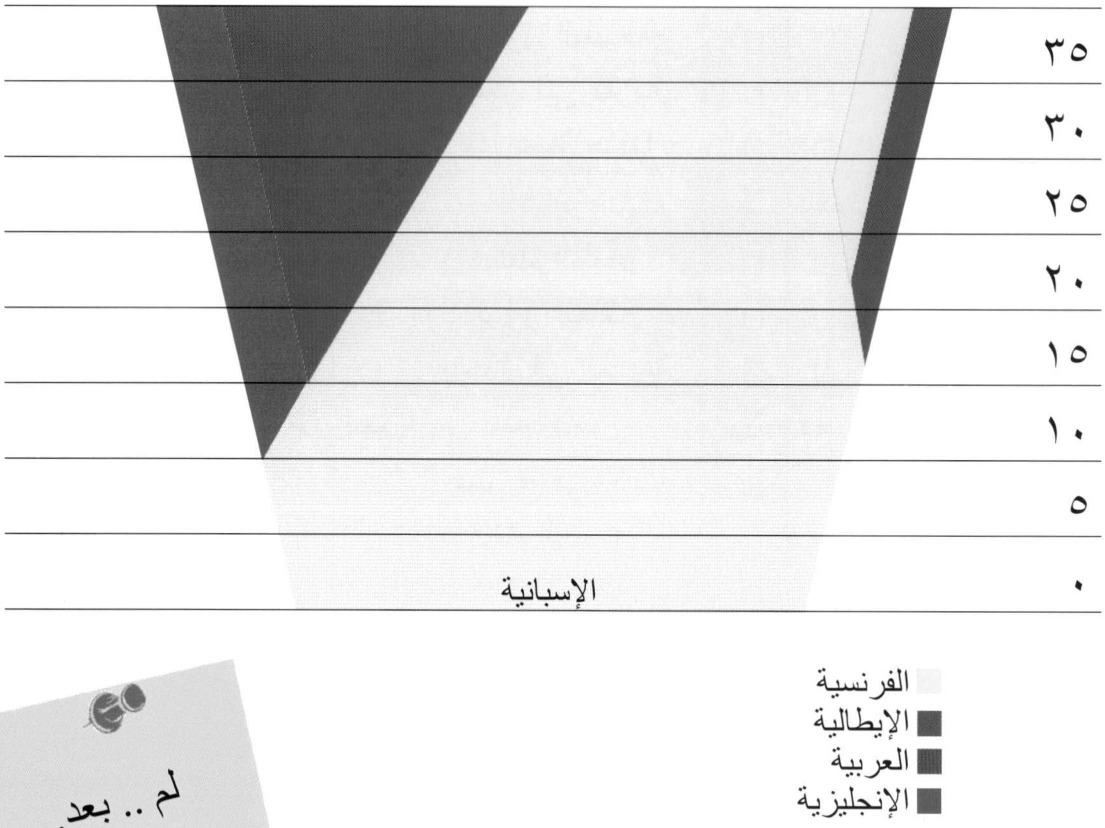

	٣٥
	٣٠
	٢٥
	٢٠
	١٥
	١٠
	٥
الإسبانية	٠

◻ الفرنسية
◼ الإيطالية
◼ العربية
◼ الإنجليزية

لم .. بعد.

٧.ـ أجب.

مثال: هل تسجّلت في المدرسة؟ لا، لم أتسجّل في المدرسة بعد.

١.ـ هل درستم للإمتحان؟ لا، _____

٢.ـ هل تعلّمتْ السُواحلية؟ لا، _____

٣.ـ هل وصل الأستاذ؟ لا، _____

٤.ـ هل حصّلتنّ على الشهادة؟ لا، _____

٥.ـ هل بدأ الدرس؟ لا، _____

٦.ـ هل أكملوا التمارين؟ لا، _____

٧.ـ هل قمن بواجباتهن؟ لا، _____

نجحنا والحمد لله.

٨.- اقرأ وقل.

- اختر ما ستفعله وما لن تفعله خلال السنة المقبلة.

نعم	يناير.	لا	نعم	فبراير.	لا	نعم	مارس.	لا
☐	يتزحلق على الجليد.	☐	☐	يصوّر الطبيعة.	☐	☐	يأخذ إجازة.	☐
☐	يسافر إلى الجبل.	☐	☐	يسافر إلى القرية.	☐	☐	يمارس الرياضة.	☐
☐	يزور متحف المدينة.	☐	☐	يبدأ عملا جديدا.	☐	☐	يتمشّى على الشاطئ.	☐
نعم	أبريل.	لا	نعم	مايو.	لا	نعم	يونيو.	لا
☐	يحضّر مؤتمرا.	☐	☐	يتعلّم الطبخ.	☐	☐	يسبح في البحر.	☐
☐	يذهب إلى الريف.	☐	☐	يزور العائلة.	☐	☐	يلعب كرة القدم.	☐
☐	يتعلّم الرقص.	☐	☐	يتجوّل في الحديقة.	☐	☐	يرتّب البيت.	☐
نعم	يوليو.	لا	نعم	أغسطس.	لا	نعم	سبتمبر.	لا
☐	يسافر إلى جزيرة.	☐	☐	يستريح في البيت.	☐	☐	ينظّف الحديقة.	☐
☐	يشتري ملابس جديدة.	☐	☐	ينام القيلولة.	☐	☐	يتسجّل في المعهد.	☐
☐	يركب الدرّاجة.	☐	☐	يأخذ العطلة.	☐	☐	يصلّح الحمّام.	☐
نعم	أكتوبر.	لا	نعم	نوفمبر.	لا	نعم	ديسمبر.	لا
☐	يبدأ الدراسة.	☐	☐	يعزف البيانو.	☐	☐	يحضّر حفلات.	☐
☐	يمارس يودو.	☐	☐	يكتب رسائل.	☐	☐	يشتري هدايا.	☐
☐	يغيّر العمل.	☐	☐	يذهب إلى الطبيب.	☐	☐	يجتمع مع الأصدقاء.	☐

- قل للصف ما اخترته.

٩.- اكتب شهور السنة في الفصل المناسب.

الربيع.

الصيف.

الخريف.

الشتاء.

نجحنا والحمد لله.

١٠.- اقرأ وافهم.

وصل الأوروبيون إلى العالم العربي في بداية القرن العشرين ووجدوا فيه نظاما تعليميا. وهو كالتالي:

كان المسجد الأساس الأوّل للمدرسة ففيه الكتّاب، الزاوية والمدرسة.

كان عمر الأولاد في الكتّاب يتراوح ما بين ٥ و١٢ سنة. وهنا كانوا يدرسون حفظ القرآن والخطّ العربي والقراءة.

وبعد ذلك كان في هذا الوقت زوايا لكي يتابعوا دراستهم في النحو العربي والشريعة.

وأخيرا، كانت المدارس في النظام التعليمي وهي جامعات أيامنا.

النظام التعليمي في البلدان العربية. مراحل الدراسة:

الروضة

المرحلة الإبتدائية

المرحلة الإعدادية

المرحلة الثانوية

الجامعة

١١.- عوّض المضارع المرفوع عن اسم الفاعل.

مثال: إنّهم يدرسون حفظ القرآن. ← إنّهم دارسون حفظ القرآن.

١.- ترسم البنت الصورة في الدفتر. ________________

٢.- يلعب الأولاد في ساحة المدرسة. ________________

٣.- تسمع التلميذات درس المعلّم. ________________

٤.- يكتب المدرس التمارين على السبورة. ________________

٥.- تجلس البنتان على المقعد. ________________

١٢.- هل تتذكّر قصّة برج بابل؟ انظر إلى الصورتين واكتب إنشاءا.

المراجعة ٩ / ١٢.

أنشطة التعليم.

١ـ فكر فيم تعلمت خلال هذه الدروس واكتب في الجدول الأشياء أو التمارين التي تمتعت بها أكثر في الفصل وفي البيت.

	في الفصل	في البيت
الاستماع	______	______
القراءة	______	______
الكلام / القول	______	______
الكتابة	______	______

٢ـ اكتب كلمات، أفعالا، جملا وتمارين تحبها أو لا تحبها.

- ثلاث كلمات تحبها:

______ ______ ______

- ثلاث جمل تحب أن تقولها:

١ ______

٢ ______

٣ ______

- تمرين تحبه كثيرا:

______

- تمرين لا تحبه بالمرة:

______

- أسهل شيء:

______

- أصعب شيء:

______

- قارن مع زميلك.

المراجعة ٩ / ١٢.

أعرف:

- ☐ الأفعال في صيغة الماضي: سافر،..
- ☐ الجهات الأربعة.
- ☐ وسائل النقل: طائرة، قطار..
- ☐ مفردات السفر: زيارة، رحلة..
- ☐ استعمال «قد + الماضي»: قد وصل بسلامة.
- ☐ مفردات المأكولات والمشروبات: رز..
- ☐ الماضي والمضارع والمصدر للأفعال المزيدة: ساعد، يساعد، مساعدة.
- ☐ اسم الوحدة: تفاحة، برتقالة..
- ☐ استعمال لا النافية للجنس: لا شكر
- ☐ استعمال «اسمح لي»، «سامحني»، «لو سمحت».
- ☐ مفردات الأوزان والأقيسة: كيلو، لتر..
- ☐ مفردات المطعم: طبق، قائمة..
- ☐ الجملة الفعلية: يطلب الرجل قهوة.
- ☐ استعمال «لم.. بعد»: لم يصل الولد بعد.
- ☐ اسم الفاعل: ذاهب، جالس..
- ☐ استعمال «لم / لا / لن + المضارع».
- ☐ استعمال «ما + الماضي».
- ☐ الشهور وفصول السنة.
- ☐ استعمال لا الناهية: لا تكتبي.

أستطيع أن:

	قليلا	جيد	جيد جدا	ممتاز
أتكلم عن حدث في الماضي.	☐	☐	☐	☐
أقول أين يقع بلد أو مدينة ما.	☐	☐	☐	☐
أعبّر عن رأي ما.	☐	☐	☐	☐
أعطي أمرا.	☐	☐	☐	☐
أطلب شيئا ما.	☐	☐	☐	☐
أقترح شيئا ما.	☐	☐	☐	☐
أقبل أو أرفض طلبا أو دعوة.	☐	☐	☐	☐
أعبّر عن التفضيل.	☐	☐	☐	☐
أطلب أو أعطي الإذن.	☐	☐	☐	☐
أتكلم عن الطعام.	☐	☐	☐	☐
أدعو أحدا.	☐	☐	☐	☐
أطلب الرأي.	☐	☐	☐	☐
أعبّر عن النية أو الرغبة في القيام بشيء ما.	☐	☐	☐	☐
أسأل عن الأهداف أو الخطط في المستقبل.	☐	☐	☐	☐
أسأل وأجيب عن اللوازم والاحتياجات.	☐	☐	☐	☐
أطلب الإيضاح أو الشرح من شخص ما.	☐	☐	☐	☐
أسأل شخصا بما يهتم به.	☐	☐	☐	☐

المراجعة ٩ / ١٢.

المفردات.

١.- ما هي الكلمة الدخيلة.

١.- أناناس - برتقال - جزر - شمّام - عنب.
٢.- رحلة - زيارة - سعيد - فندق - مدينة.
٣.- بارد - جميل - حلو - ساخن - مالح.
٤.- أسبوع - أكتوبر - فبراير - مارس - يوليو.
٥.- الخريف - الخميس - الربيع - الشتاء - الصيف.

٢.- اكتب الكلمات التالية في المكان المناسب.

اشترى، الباخرة، الباص، الدراجة، السفينة، العربة، بيرة، ذهب، رجع، ركب، شاي، عصير، كباب، كسكس، كفتة، كولا، متبل، مقلوبة، نبيذ، وصل.

وسائل النقل	أفعال	وجبات	مشروبات

٣.- أنت مذيع في راديو مدينتك وتريد أن تحضّر مقابلة مع شخصية مهمة. اختر شخصية مشهورة ما والمواضيع واكتب هذه المقابلة للراديو.

المراجعة ٩ / ١٢.

٤.- اكتب تحت كل صورة اسمها.

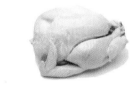

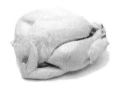

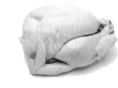

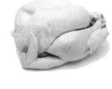

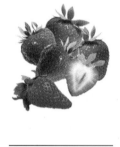

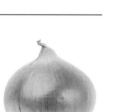

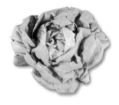

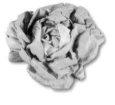

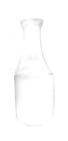

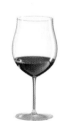

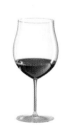

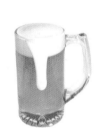

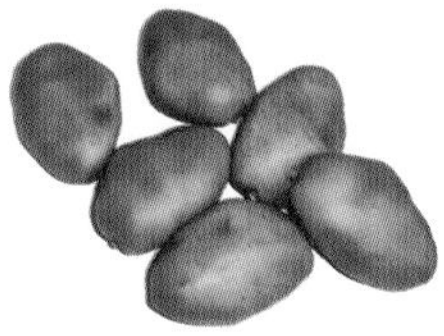

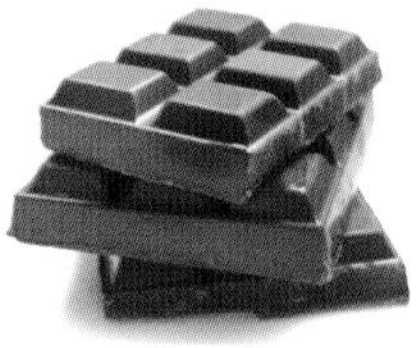

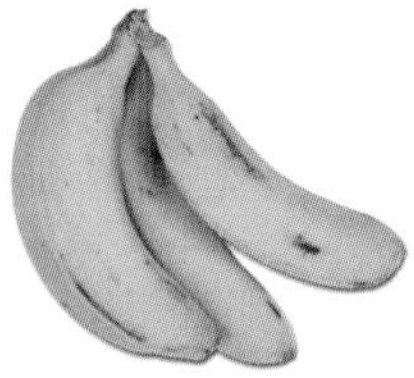

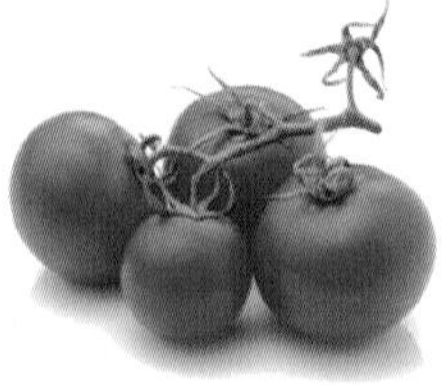

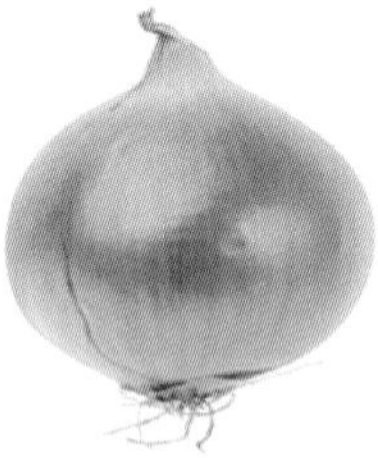

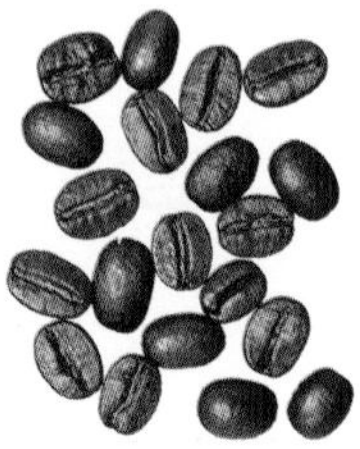

المراجعة ٩ / ١٢.

إجابات متعددة.

١.- هل ___ المدينة القديمة.

□ ذهبتم □ رجعتم □ زرتم

٢.- تقع المغرب في ___ القارة الإفريقية.

□ جنوب □ شرق □ شمال

٣.- ركبنا ___ في مطار بيروت.

□ الباخرة □ الحافلة □ الطائرة

٤.- ___ رجع من رحلته أمس.

□ إنّ □ قد □ لـ

٥.- لا ___ على الشاطئ.

□ أحد □ شكر □ فرق

٦.- ممكن تفتح الشباك ___.

□ اسمح لي □ سامحني □ لو سمحت

٧.- أعطني ___ خبز، من فضلك.

□ زجاجة □ قطعة □ لتر

٨.- ممنوع ___ في هذا المطعم.

□ الأكل □ التدخين □ الشرب

٩.- ___ البنات الطبق الرئيسي.

□ أخذ □ أخذت □ أخذن

١٠.- إنّه ___ كرة القدم في الشارع.

□ تلعب □ لاعب □ يلعبون

١١.- ___ نرجع مرة أخرى إلى هذا المطعم.

□ كلا □ لن □ ما

١٢.- ___ زاروا الجبل الأخضر بسبب المطر.

□ لم □ لن □ ما

١٣.- أ___ تتسجّلوا بعد في الدراسة؟

□ لا □ لم □ ما

١٤.- شهر ___ قبل يونيو وبعد ___.

□ أبريل / يوليو □ مارس / مايو □ مايو / أبريل

١٥.- اليوم هو يوم عيد، لذلك الأولاد لم ___ إلى المدرسة.

□ ذهبوا □ يذهبوا □ يذهبون

١٦.- أنتم لن ___ معنا ولا دقيقة أخرى.

□ تعملن □ تعملوا □ يعملون

١٧.- نوفمبر في إسبانيا هو شهر من فصل ___.

□ الخرف □ الربيع □ الشتاء

١٨.- أعطيني نصف كيلو ___.

□ بصل □ حليب □ معجون للأسنان

١٩.- هؤلاء الشباب ___ العربية في جامعة الرباط.

□ تتعلمون □ تعلموا □ يتعلموا

الاستماعات.

الدرس ٠، تمرين ١
كارلوس: مرحبا.
منى: مرحبا.
كارلوس: اسمي كارلوس. وأنت، ما اسمك؟
منى: اسمي منى. مع السلامة.
كارلوس: مع السلامة. إلى اللقاء.

الدرس ١، تمرين ١
مرسيل: تفضّلي.
مريم: شكرًا.
مرسيل: هل أنت جديدة في البناية؟
مريم: نعم.
مرسيل: وما اسمك؟
مريم: مريم.
مرسيل: اسم جميل!
مريم: شكرًا.
مرسيل: عفوًا، يا مريم، من أين أنت؟
مريم: أنا من هنا.
مرسيل: وأنا أوروبي أيضًا.
مريم: وأنت، ما اسمك؟
مرسيل: أنا؟.. اسمي مرسيل.. م م م.. يا مريم، هل أنت عزباء؟
مريم: .. نعم، وأنت؟
مرسيل: نعم، أنا أعزب أيضًا.(..) يا مريم ممكن أن تعطيني رقم تليفونك؟
مريم: لم لا؟ تفضّل ٧١٨٤٥٦٠٣٩ وأنت، ما هو رقم تليفونك؟
مرسيل: ٧٥٣٢٠٨٤٢٦
مريم: مع السلامة.
مرسيل: إلى اللقاء.
[..]
مرسيل: سبعة، واحد، ثمانية، أربعة، خمسة، ستّة، صفر، ثلاثة، تسعة. [هذا الرقم غير موجود، هذا الرقم غير موجود..] ها، ها، ها.. يا مريم، يا مريم!

الدرس ١، تمرين ٤
الرجل ١: أنا فرنسي وأنت؟
الرجل ٢: أنا من المغرب، أنا مغربي، وهي؟.
الرجل ١: هي من إسبانيا.

المرأة ١: من أين أنت؟
المرأة ٢: أنا من سوريا، وأنتم؟
المرأة ١: نحن من مصر، نحن مصريون.

المرأة: أنا تونسية.
الرجل: أنا لبناني، وهم؟
المرأة: هم ليبيون وهنّ إيطاليات.

الدرس ٢، تمرين ١
سليم: السلام عليكم.
عثمان: وعليكم السلام.
سليم: من فضلك، أين بناية النافورة؟
عثمان: هذه بناية النافورة.
سليم: وفي هذه البناية شاب اسمه حميد؟
عثمان: حميد.. حميد.. آه.. نعم حميد.. الفلسطيني!
سليم: نعم، هو شاب فلسطيني، شكرًا كثيرًا.
[..]
سليم: مرحبًا، مساء الخير.
حميد: مساء النور.
سليم: أنا سليم، هل أنت حميد؟
حميد: نعم، تفضّل يا سليم.
سليم: الله!، البيت جميل جدًّا.
حميد: لا، هذه شقة صغيرة. تفضّل، تفضّل. هذا هو الصالون، هناك المطبخ والحمام. وهذه غرفتي وتلك غرفتك.

الدرس ٢، تمرين ٧
هذه صوفا.- هذه الصوفا في الصالون.
هذا فرن.- هذا الفرن في المطبخ.
هذه طاولة.- هذه الطاولة في الصالون.
هذا سرير.- هذا السرير في الغرفة.
هذا تلفزيون.- هذا التلفزيون في الصالون.
هذا كرسي.- هذا الكرسي في الصالون.
هذه خزانة.- هذه الخزانة في الغرفة.
هذه ثلاجة.- هذه الثلاجة في المطبخ.

الدرس ٣، تمرين ١
بشرى: يا لطيفة! يا ابنتي! أين أنت؟
لطيفة: أنا في الصالون. لماذا؟
بشرى: وأين أخوك سعيد؟ هل هو معك؟
لطيفة: لا. هو ليس معي. هو في الشارع مع حسن.
بشرى: يا سعيد! يا ابني!
سعيد: نعم، يا ماما.
بشرى: هل معك أخوك حسن؟
سعيد: نعم، يا ماما، لماذا؟
بشرى: تعالوا، فقط للحظة.
أمين: صباح الخير، يا سيدة بشرى. أليس زوجك في البيت؟
بشرى: كلا. آسفة. هو في العمل. بالسلامة.
سعيد: واه، نعم يا ماما؟
بشرى: يا لطيفة، حبيبتي، تعالي معنا. نحن في المطبخ!
لطيفة: نعم؟
بشرى: يا أولادي، أنا عندي موعد مع صديقتي وأنتم عندكم مكنسة وراء الباب. شكرا على مساعدتكم. إلى اللقاء.

الاستماعات.

الأولاد كلهم: غير معقول!

الدرس ٤، تمرين ١

منى: الو..؟ نعم..؟
نور: منى؟
منى: نعم. من أنت؟
نور: مرحبا يا منى أنا نور، كيف حالك؟
منى: مرحبا يا عزيزتي. أنا بخير والحمد لله وأنت ما أخبارك؟
نور: بخير شكرا، تعرفين؟ عندي خبر ممتاز.
منى: ما هو؟
نور: عندي عمل جديد.. في بنك عربي..
منى: هذا خبر جيد.. وأين البنك؟
نور: هنا في مدينتي.. أنت تعرفين.. زوجي يعمل مدرسا في معهد.
منى: نعم أعرف ذلك.
نور: وعمل زوجي بجانب البنك العربي، ومدرسة ابنتي قرب البنك أيضا.
منى: يا صديقتي هذا رائع. مبروك يا نور.
نور: شكرا يا حبيبتي.
منى: أممم.. عندي فكرة: تعالي الأسبوع القادم إلى بيتي. نأكل معا ونتكلم عن عملك الجديد.
نور: إن شاء الله. هذه فكرة ممتازة. أنا موافقة. إذن إلى اللقاء.
منى: إلى اللقاء.

الدرس ٤، تمرين ٢

١. حسن طالب. هو في المدرسة.
٢. أمين بوّاب. هو في العمارة.
٣. منى مضيفة. هي في المطار.
٤. فاطمة موظّفة. هي في البنك.
٥. مرسيل رجل أعمال. هو في الشركة.
٦. كارلوس مدرّس. هو في المدرسة.
٧. سمير طبيب. هو في المستشفى.
٨. مريم ممرّضة. هي في المستشفى.
٩. عثمان جزّار. هو في المجزرة.
١٠. بشرى ربّة بيت. هي في البيت.
١١. رشيد كهربائي. هو في الشركة.
١٢. صوفيا نادلة. هي في المقهى.
١٣. بطرس طبّاخ. هو في المطعم.

الدرس ٤، تمرين ٥

١.-
- ما هو رقم الحافلة التي تذهب إلى المركز التجاري؟
- هو رقم ٦١.
٢.-
- كم دكّانا في المركز التجاري الجديد؟
- ٥٥ دكانا.
٣.-
- في أي رقم يقع إبريل للأحذية؟
- هو في رقم ١٢٣.
٤.-
- ما هو ثمن هذه النظارة؟
- ٧٩ يورو.
٥.-
- ما هو قياسك؟
- قياسي ٣٦.
٦.-
- بكم البدلة الصفراء لو سمحت؟
- ٣٦٠ يورو.

الدرس ٤، تمرين ١٢

١. جمال
٢. بجانب
٣. يعمل
٤. جولة
٥. جار
٦. ياسمين
٧. جزار
٨. يمين
٩. يد
١٠. جسم

الدرس ٥، تمرين ١

١. الرقبة / العنق
٢. الصدر
٣. الأذن
٤. الأنف
٥. البطن
٦. الذراع
٧. الرجل
٨. الركبة
٩. الشعر
١٠. العين
١١. الفخذ
١٢. الفم
١٣. القدم
١٤. اليد
١٥. الظهر

الدرس ٥، تمرين ٣

١. متعب
٢. حزين
٣. عطشان
٤. سعيد
٥. غضبان

الإجابات

٦. جائع

الدرس ٥، تمرين ٤
منى: مرحبا يا فاطمة.
فاطمة: أهلا يا منى.
منى: تفضّلي، تفضّلي. *(adelante / (con) pasa, entra)*
فاطمة: شكرا، كيف الحال يا منى؟
منى: الحمد لله ولكنني متعبة من السفر. *(bien / cansada pero hoy / viaje / del)*
[..]
منى: اجلسي يا فاطمة. هل تريدين شايا أو قهوة أو ماء؟ *(sientete / quieres)*
فاطمة: نعم، إنّي عطشى أفضّل ماء. *(agua / mejor / sediento / estoy / Prego)*
منى: تفضّلي.
فاطمة: شكرا.
منى: إنّك سعيدة. هل تحبّين أحدا؟ *(contento / te gusta / alguien)*
فاطمة: نعم إنّه وسيم جدّا. *(muy guapo)*
منى: هل أعرفه؟ *(conoces)*
فاطمة: لا.
منى: وكيف هو؟ *(cómo / el)*
فاطمة: هو رشيق وطويل وأشقر وشعره قصير.. *(corto / cabello / rubio / alto / agil)*
منى: والله!
فاطمة: وجهه وسيم وعيناه زرقاوان وله أنف وفم صغيران.. *(boca / nariz / ojos / azules / guapo / cara)*
منى: يا فاطمة، يا فاطمة.
فاطمة: جسمه رائع، ذراعاه ويداه كبيرتان ورجلاه.. *(piernas / grandes / manos / brazos / perfecto / cuerpo)*
منى: إنّه رجل أحلامنا! *(sueños / pierna)*

الدرس ٥، تمرين ٩
١. كبير
٢. يقول
٣. مقهى
٤. قلم
٥. ركبة
٦. يأكل
٧. كتاب
٨. قسم
٩. صديق
١٠.تلك
١١.قبيح
١٢.قلب

الدرس ٦، تمرين ١
بشرى: يا أم سعيد، يا جارتي، أين أنت؟
صوفيا: هنا، هنا، ماذا تريدين؟
بشرى: ماذا تفعلين الآن؟
صوفيا: الآن لا شيء، أشاهد التلفاز قليلا. *(nada)*
بشرى: تعالي عندي ونشرب القهوة. ما رأيك؟
صوفيا: لم لا؟ تماما أنا موافقة.

بشرى: تفضلي، تفضلي.
صوفيا: مساء الخير.
بشرى: مساء النور.
صوفيا: هل أساعدك؟
بشرى: لا شكرا، لا داعي لذلك يا حبيبتي. القهوة جاهزة. *(no te molestes)*
صوفيا: أممم.. القهوة طيبة جدا. هل أنت وحدك؟ *(estas sola)*
بشرى: لا، زوجي ينام القيلولة. يا للرجال! والأولاد يدرسون في غرفتهم. لكن الآن وقتي للراحة. فأنا في حاجة إليها بعد العمل في البيت كل الصباح. هنا لا أحد يساعدني.
صوفيا: والله أنا بالعكس، عندي الحظ. *(suerte)* فزوجي وولدي يساعداني كثيرا في البيت. مَثلا، في الصباح أنا أحضر الفطور وزوجي يرتب غرفتنا وابني يرتب غرفته، من بعد أنا أذهب إلى السوق وأشتري الأكل وأطبخ. وبعد الغذاء زوجي وابني يغسلان الصحون ويحضران القهوة. هكَذا عندي وقت. *(de todo esto)* بعد الظهر أذهب إلى المقهى مع صديقتي لولا ونتحدث ثمّ نمشي في الحديقة.
بشرى: يا سلام، يا سلام. *(que bien que bien)*
صوفيا: وفي المساء هما يحضران عشاءا خفيفا ونتعشى. أليس عندي الحظ، يا بشرى؟
بشرى: يا إلهي، يا إلهي، فعلا أنت محظوظة. *(aforturnada)*

الدرس ٦، تمرين ٧
أمين: صباح الخير يا بطرس.
بطرس: صباح النور يا أمين.
أمين: ماذا تفعل هنا اليوم؟
بطرس: أنا مشغول جدًّا. عندي عمل كثير. فعلا اليوم ليس يوما للراحة.
أمين: لماذا تقول ذلك؟
بطرس: لإنّي لا أعمل في الصباح كل أيام الأسبوع.
أمين: وماذا تفعل إذن؟
بطرس: مثلا الاثنين والأربعاء والجمعة أمارس الرياضة مع صديقي وبعد ذلك أرجع إلى البيت فأساعد زوجتي.
أمين: وباقي الأيام؟
بطرس: يوم الثلاثاء والخميس أتمشى مع زوجتي صوفيا وأقرأ الجريدة وأترنت قليلا.
أمين: وماذا تفعل في نهاية الأسبوع؟ *(cliente)*
بطرس: يوم السبت والأحد، الحمد لله، عندنا زبائن في المطعم ولذلك كل العائلة نعمل فيه ليلا نهارا.
أمين: ومتى تستريحون؟
بطرس: يوم الأربعاء نغلق المطعم وأحيانا نذهب إلى السينما. وأنت يا أمين، ماذا تفعل خلال الأسبوع؟
أمين: آف.. حياتي مملّة جدّا يا صديقي فأنا أشتغل ثماني ساعات يوميا من الاثنين إلى الأحد في هذه البناية.

cliente - زبائن

بطرس: الله يعطيك العافية.
أمين: الله يعافيك.

الدرس ٦، تمرين ٨

١. أحيانا
٢. أخت
٣. آخر
٤. أخرى
٥. حاجّة
٦. حمّام
٧. شخصية
٨. شهادة
٩. طبّاخ
١٠. فلّاح
١١. لحظة
١٢. مرحبا
١٣. مقهى
١٤. مهنة
١٥. مهندس
١٦. يذهب
١٧. يفهم

الدرس ٧، تمرين ١

١. شاي
٢. قهوة
٣. خاتم
٤. حلويات
٥. قميص
٦. ساعة
٧. حذاء
٨. جينز
٩. تنورة
١٠. بدلة
١١. أيس كريم
١٢. فستان
١٣. طوق
١٤. سوار

الدرس ٧، تمرين ٣

حميد: يا عزيز، أنا في حاجة إلى ملابس جديدة عندي حفلة الأسبوع القادم.. وتعرف؟.. سأذهب مع تلك الفتاة الجميلة من الجامعة.. لم لا نذهب إلى المركز التجاري، ما رأيك؟.. آه، سليم معك؟ طيّب. أنتظركما على باب المركز.
[..]
حميد: هذا محلّ ملابس رجالي ممتاز. ندخل؟
البائع: صباح الخير يا شباب. ماذا تريدون؟
حميد: أريد بنطلونا أسود وقميصا أبيض.
البائع: عندنا قمصان جميلة من ألوان مختلفة. ألا تفضّل قميصا أخضر مثلا أو أزرق؟ هذا الموديل جميل وأنيق جدّا مع هذا البنطلون الرمادي.
حميد: كلاّ، لا أحبّ هذا الموديل بل أفضّل موديلي: البنطلون الأسود والقميص الأبيض. ممكن أن أجربهما؟
البائع: طبعا، تفضّل.
[..]
البائع: هذه الملابس تناسبك.
حميد: تماما. سآخذها. بكم الكلّ؟
البائع: رخيص جدّا كلّه بـ٤٥ يورو.
حميد: فعلا رخيص جدّا.
الأصدقاء: مبروك!
حميد: الله يبارك فيكم.

الدرس ٧، تمرين ٥

١. جمال
٢. خليج
٣. شيء
٤. مشغول
٥. مجاهد
٦. شلال

الدرس ٨، تمرين ١

منى: صباح الخير.
موظف الفندق: صباح النور، يا سيدتي.
منى: من فضلك، أريد أن أحجز غرفة ليومين.
موظف الفندق: كم شخصا؟
منى: أنا فقط. أود أن تكون غرفة بحمام.
موظف الفندق: مممممم.. آسف هذا غير ممكن. لا توجد غرفة فيها حمام لشخص واحد. لحظة! فقط عندنا غرف مزدوجة فارغة. الغرف المفردة محجوزة كلها. ولكن يمكنك أن تأخذي واحدة منها بنفس الثمن. موافقة؟
منى: طبعا. شكرا جزيلا.
موظف الفندق: لا شكر على واجب. في أي طابق تفضّلين الغرفة؟
منى: أفضّل أن تكون في الطابق العلوي.
موظف الفندق: غير ممكن. في الطابق الثالث كلها مشغولة ولكن عندنا غرفة في الطابق الثاني.
منى: موافقة. سآخذها.
موظف الفندق: هل معك أمتعة؟
منى: نعم. عندي حقيبة كبيرة وحقيبة يد في السيارة. أود أن تساعدني.
موظف الفندق: بكل سرور. سيساعدك بالأمتعة البواب. من فضلك، أعطيني جوازك.
منى: تفضل.[..] قد أخرج بعد قليل لأتجوّل بالمدينة.
موظف الفندق: ليس هناك مشكلة. سأعطيك جواز

سفرك عندما تخرجين. هل تريدين أن تزوري المدينة؟
منى: نعم، سأذهب إلى المتحف الوطني وإلى البرج الحديث.
موظف الفندق: هل أنت في حاجة إلى خريطة أو دليل سياحي؟
منى: لا، شكرا، ليس ضروريا. أعرف المدينة تماما وأفضّل أن أتمشى وحدي حتى المتحف الوطني ومن هناك سأركب تاكسي إلى البرج الحديث.
موظف الفندق: والله! أنت معلّمة سياحية.
منى: هذه رحلتي السادسة إلى هذه المدينة. أنا مضيفة.
موظف الفندق: مرحبا بك مرة أخرى إلى مدينتنا.
منى: شكرا وإلى اللقاء.
موظف الفندق: إلى اللقاء.

الدرس ٨، تمرين ٦

منى: يا سيد! أنا زعلانة، ليس الحمام نظيفا والماء بارد. أريد أن أغيّر الغرفة.
منى: يا سيد! أنا لست راضية بالغرفة: المكيّف معطل، والمرآة محطّمة والشراشف وسخة.
منى: أنا مسرورة جدًّا! إنّ الغرفة مريحة ومرتّبة والحمام جميل ونظيف.
منى: والله يا سيدي! هذا النزل رائع، سأرجع بكل تأكيد في فرصة أخرى.

الدرس ٩، تمرين ١

عثمان: السلام عليكم يا رشيد.
رشيد: وعليكم السلام يا عثمان.
عثمان: الحمد لله على السلامة.
رشيد: الله يسالمك يا أخي.
عثمان: أنتظر وصولك منذ أيام. كيف كانت الرحلة؟
رشيد: الحمد لله كل شيء على ما يرام. كان السفر مفيدا فوجدت أهلي بخير.
عثمان: وكيف حال والديك؟
رشيد: بخير والحمد لله ولكنهما كبيران.
عثمان: وأين يسكنان الآن؟
رشيد: إلى حدّ الآن يسكنان وحدهما في القرية لأن العائلة قد انتقلت إلى الجزائر.
عثمان: الجزائر العاصمة؟
رشيد: طبعا!
عثمان: ليحفظهما الله!
رشيد: تِسلم!
عثمان: كيف سافرتم إلى الجزائر؟
رشيد: ذهبنا من هنا إلى مدينة المرية بالحافلة وهناك ركبنا الباخرة إلى مدينة وهران ومن هناك إلى الجزائر العاصمة سافرنا بالقطار. وأخيرا وصلنا إلى القرية بالتاكسي.
عثمان: سافرت مع كل أسرتك؟
رشيد: نعم. نحن مشتاقون إلى الوالدين كثيرا. وفي العاصمة تعرف أولادي على أولاد أخي وأولاد أختي أيضا.
عثمان: وكم يوما قضيتم هناك؟
رشيد: أسبوعين تقريبا. وكان الرجوع يا أخي والله متعبا جدا بسبب الازدحام في كل مكان لأنّه كانت نهاية العطلة وكان كل الناس في طريقهم إلى بيوتهم. ولكن الحمد لله وصلنا بالسلامة. المهم أنه أنا سعيد جدا لأني شفت والديَّ.
عثمان: متى سافرت آخر مرة إلى بلدك؟
رشيد: آه.. منذ أكثر من عشر سنوات.
عثمان: يا لطيف، هذا كثير.
رشيد: إن شاء الله سنرجع بعد سنتين.
عثمان: إن شاء الله.
رشيد: يا عثمان أتركك الآن، أنا مستعجل جدا.
عثمان: حسنا. مع السلامة. سلم على العائلة.
رشيد: الله يسلمك، يا أخي.

الدرس ٩، تمرين ٦

١.- سافر الأصدقاء إلى بيروت وركبوا الطائرة في المطار.
٢.- وصلوا إلى بيروت وذهبوا إلى الفندق فأقاموا هناك.
٣.- في هذه المدينة زاروا السوق التقليدي واشتروا هدايا.
٤.- أيضا زاروا قصر الملك وصوّروا المنظر.
٥.- حضروا حفلة وتعّشوا ورقصوا مع فتيات.
٦.- في الليل تجوّلوا على شاطئ البحر.

الدرس ٩، تمرين ٧

١. طائرة
٢. تاكسي
٣. تلميذ
٤. طالب
٥. طبيب
٦. تالية
٧. تمام
٨. طعام
٩. تمتمة
١٠.طابق
١١.تابوت
١٢.طابور

الدرس ٩، تمرين ١٠

- مساء الخير.
- مساء النور.
- إلى أين ذهبت في الإجازة الماضية؟

الاستماعات.

- سافرت إلى القاهرة.
- أنت وحدك؟
- لا، ذهبت مع أصدقاء الجامعة.
- هل ذهبتم بالطائرة؟
- لا، ركبنا الباخرة حتّى الاسكندرية ومن هناك بالسيارة إلى القاهرة.
- وماذا زرتم في القاهرة؟
- زرنا الأهرام وأبو الهول والمتحف المصري.
- يا سلام! وألم تشتروا هدايا في السوق؟
- طبعا. اشترينا هدايا تقليدية.
- وكم يوما قضيتم في مصر؟
- قضينا أسبوعا كاملا.
- ممتاز. أودّ أن أسافر مثلك.

الدرس ١٠، تمرين ١

صوفيا: يا بطرس!
بطرس: قولي لي يا حبيبتي!
صوفيا: تعال، تعال. أريد أن أقول لك شيئا. عندي مهمّة!
بطرس: نعم؟
صوفيا: بنت خال بشرى تتزوّج وسنقوم بالاحتفال هنا.
بطرس: يا لطيف! ليس عندنا شيء، نحن في حاجة إلى كل شيء: مشروبات، ومأكولات، وحلويات، و..
صوفيا: لحظة. شيئا فشيئا، أنا أرتّب المطعم وأنت اذهب إلى السوق لشراء كلّ ما نحتاج إليه.
بطرس: وماذا أشتري، يا عزيزتي؟
صوفيا: اذهب عند الخضري واشتر منه طماطما وخيارا وخسّا وفلفلا وجزرا وبصلا وثوما.
بطرس: طيّب. وأيضا بطاطا وفولا و..
صوفيا: يكفي. ثمّ اذهب عند الفاكهاني واشتر منه موزا وتفاحا وبطيخا وأناناسا وعنبا.
بطرس: يا صوفيا، نسيت البرتقال والليمون.
صوفيا: لا، عندنا منها. لا تشترها.
بطرس: تماما. وماذا أشتري من عند الجزّار؟
صوفيا: اشتر لحم البقر ودجاجا.
بطرس: ألا أشتري لحم الخروف؟
صوفيا: كلاّ، عندنا. واجلب من عند البقّال رزا وفاصوليا وعدسا وسكّرا وبنّا.
بطرس: تماما. أرجع مع الكلّ بعد ساعتين.
صوفيا: حسنا، ولكن لا تذهب وحدك، ابحث عن الولد واطلب منه المساعدة.

الدرس ١٠، تمرين ٤

عند البقال.
البقال: السلام عليكم.
المرأة: وعليكم السلام.
البقال: أي خدمة يا سيدتي؟
المرأة: نعم، أريد نصف كيلو حمص.
البقال: تفضّلي. شيئا آخر؟
المرأة: نعم، أحتاج إلى قطعة جبن.
البقال: ولكن، كم تريدين بالضبط؟
المرأة: مئتي غرام تقريبا وأعطني أيضا ربع كيلو عدس ولتر حليب لو سمحت.
البقال: حاضر يا سيدة.. تفضّلي.. شيئا آخر.
المرأة: آه، نسيته، كيلو سكّر والحساب، من فضلك.

الدرس ١٠، تمرين ٥

١. طربوش
٢. جلابية
٣. قفطان
٤. كوفية
٥. منديل
٦. بابوج

الدرس ١٠، تمرين ٧

١. إجاص
٢. بصل
٣. خسّ
٤. سمك
٥. سوق
٦. عدس
٧. عسل
٨. عصير
٩. فاصوليا
١٠. قميص
١١. كيس
١٢. نصف

الدرس ١١، تمرين ١

سمير: عندنا استراحة لمدة ساعة. ما رأيك في الذهاب إلى مطعم بيروت؟ هو قريب من هنا ورخيص.
مريم: أممم.. لا أعرف.
سمير: وأدعوك إلى الغداء.
مريم: إذا الغداء على حسابك أنا موافقة.
بطرس: أهلا وسهلا يا دكتور سمير. أهلا وسهلا. هل تريدان أن تتغديا؟
سمير: نعم، ما عندكم للغداء؟
بطرس: اليوم عندنا وجبة غداء خاصة. في الطبق الأول سلطة يونانية شهية وفي الطبق الثاني عندنا لحم خروف وخضر.
سمير: ما رأيك يا مريم؟ أنا سآخذ الوجبة كاملة.
مريم: أنا آسفة. لا آكل لحما. هل لديكم سمك؟
بطرس: نعم وهو طازج جدا. ما رأيك بتون مشوي وخضر؟
مريم: فكرة ممتازة.
بطرس: وماذا ستشربان؟

مريم: لي عصير برتقال.
سمير: ولي كولا.
بطرس: تماما.
[..]
بطرس: هنا الطعام. تفضلا!
مريم: أممم.. رائحته ممتازة.
بطرس: شهية طيبة، صحة!
مريم وسمير: ألله يسلمك.
بطرس: يا أصدقاء، المطعم يدعوكما إلى حلويات بلدية وشاي أو قهوة.
سمير ومريم: ألف شكر.
[..]
بطرس: ها هي الحلويات. يا آنسة، ماذا تفضلين شايا أم قهوة؟
مريم: شايا من فضلك.
سمير: بالنسبة لي، أنا أفضل القهوة ولو سمحت أعطني الحساب.
[..]
بطرس: تفضلا. هنا الحساب.
مريم: ولكن.. كل هذا الطعام بهذا الثمن.. مستحيل!
سمير: ماذا قلت لك؟
مريم: صحيح. هذا المطعم رخيص جدا. أنا مسرورة من هذا الغداء ومن دعوتك. شكرا جزيلا.
سمير: لا شكر على واجب.

الدرس ١١، تمرين ٣

بطرس: ماذا تطلبون من فضلكم؟
مرسيل: ما رأيكما؟ نطلب حمصا وتبولة للثلاثة؟
مريم: نعم، أنا معك.
فاطمة: طيب، هذه فكرة ممتازة.
مرسيل: أنا أريد شوربة دجاج ساخنة جدا لو سمحت.
مريم: هل شوربة البصل بالجبن أو بلا جبن.
بطرس: طبعا يا سيدتي، بالجبن.
مريم: إذا أنا آخذ شوربة البصل.
فاطمة: وأنا أيضا.
بطرس: وللطبق الرئيسي؟
مرسيل: كسكس بلحم خروف أو دجاج.
بطرس: بلحم خروف يا سيدي.
مرسيل: إذا لا، أنا لا أحب الخروف. أفضل الكباب.
بطرس: حاضر يا سيدي. وحضرتك؟
مريم: أنا سآخذ دجاجا مشويا.
فاطمة: عفوا يا سيدي، أنا نباتية ولا يمكن أن آكل اللحم. هل عندكم شيء بلا لحم؟
بطرس: طبعا يا سيدتي، عندنا عجة فرنسية وسلطة مشوية وكسكس بالخضر.
فاطمة: آه! إذا سآخذ كسكس بالخضر من فضلك.
بطرس: حاضر يا سيدتي. وماذا تريدون أن تشربوا؟
مرسيل: هل نشرب زجاجة نبيذ أحمر؟
مريم: أنا موافقة.
فاطمة: أنا لا، اليوم أفضل ماء فقط.
بطرس: طيب، إذا زجاجة نبيذ وماء.
مرسيل: نعم وشكرا.
بطرس: طيب، سأطلب كل شيء حالا.
[..]
بطرس: أنا آسف يا سادة ولكن لقد انتهى طبق الدجاج المشوي.
مريم: والله، يا للخسارة. وماذا أطلب الآن؟ طيب، سأذوق الكفتة. هل هي لذيذة؟
بطرس: هي ممتازة! أنا آسف من جديد.
مريم: لا داعي للأسف.
[..]
بطرس: هل أنتم راضون؟ كيف كان الأكل؟
مرسيل: آه! ممتازا، كان كل شيء ممتازا.
بطرس: شكرا. هل تحبون الحلويات؟ عندنا أيس كريم وكنافة وحلويات عربية وسلاطة فواكه ولبن زبادي.
مرسيل: أنا آخذ سلطة فواكه.
مريم: وأنا أيضا.
فاطمة: ولي كنافة.
بطرس: حاضر.

الدرس ١١، تمرين ٨

١-.
الرجل ١: من فضلك، أعطني ثلاثة شاورما.
الرجل ٢: بالدجاج أم باللحم؟
الرجل ١: إثنتين باللحم وواحدة بالدجاج.
الرجل ٢: تفضّل، خذ.
الرجل ١: شكرا.
٢-.
الفتاة: «بيتزا طيّبة» ألو؟
الشاب: أريد أربعة بيتزا.
الفتاة: من أيّ نوع؟
الشاب: إثنتين بالخضر، وإثنتين أربعة جبن.
الفتاة: العنوان، من فضلك.
٣-.
الرجل ١: ماذا تريد؟
الرجل ٢: ممكن قنينة نبيذ وكأسان؟
الرجل ١: أحمر أم أبيض.
الرجل ٢: أحمر.
الرجل ١: تفضّل.
٤-.
المرأة: يا معلّم، السمك مالح جدّا.
الرجل: آسف، هل تريدين طبقا آخر؟
المرأة: لا، أريد سمكا بلا ملح.
الرجل: تحت أمرك.
٥-.
الرجل ١: أعطني قهوة.

الرجل ٢: تفضّل.
الرجل ١: آف.. هذه القهوة مرّة جدّا.
الرجل ٢: طبعا، القهوة العربية هكذا.
الرجل ١: إذن أعطني قهوة تركية حلوة.

الدرس ١١، تمرين ١١

١. دافئ
٢. مريض
٣. بعد
٤. ضرب
٥. ضمير
٦. مديرة

الدرس ١٢، تمرين ١

الطالب: مرحبا، يا للمفاجأة!
فاطمة: مرحبا يا أخي. ماذا تفعل هنا؟
الطالب: أنا هنا لأتسجّل في اللغة العربية. اليوم تنتهي مدّة التسجيل.
فاطمة: نعم، أعرف هذا. أنا أدرس هنا أيضا. وقد تسجّلت؟
الطالب: نعم، تسجّلت في السنة الأولى والسكرتيرة أعطتني التوقيت وقائمة الكتب اللازمة.
فاطمة: ولماذا تسجّلت في اللغة العربية؟ ألم تسمع أنها صعبة جدّا؟
الطالب: بلى، لكن لا تبالغي. أنا في حاجة إلى اللغة العربية لأنّني أدرس الترجمة في الجامعة ومن الضروري أن أتعلّم لغات أخرى.
فاطمة: فكرة ممتازة وهكذا إذا درست العربية ولغات أخرى ستكون مترجما فوريا في يوم ما، إن شاء الله.
الطالب: نعم، هذا هو هدفي. طيّب وأنت، لماذا اخترت اللغة العربية؟ إنّها صعبة.
فاطمة: أنا بالعكس لا أدرسها بسبب العمل. فقط للمتعة. أحبّ السفر إلى البلدان العربية كثيرا والتحدّث مع الناس.
الطالب: وعلى فكرة، كيف الأستاذ؟
فاطمة: أنا أعرفه. هو ممتاز والدروس معه مسلّية وممتعة. بالتأكيد ستتعلّم كثيرا. هو ينظّم نشاطات كثيرة في المدرسة مثل رحلات، أو مشاهدة أفلام، أو محاضرات.. بصراحة كل طلّابه سعداء وراضون منه.
الطالب: هذا ممتاز. إذن كان اختياري جيّدا. أودّ أن أبدأ الدروس سريعا.
فاطمة: إن شاء الله سنبدأ يوم الإثنين القادم.
الطالب: إذن سنلتقي في الأسبوع القادم، إلى اللقاء.
فاطمة: إلى اللقاء يا أخي.

الدرس ١٢، تمرين ٣

١. لذيذ
٢. يذوق
٣. ينظّف
٤. يذهب
٥. ظهر
٦. أستاذ
٧. إذاعة
٨. نظارة
٩. نظام
١٠. يأخذ
١١. ظلام
١٢. موظّف

الدرس ١٢، تمرين ٥

مقابلة مع أستاذ اللغة العربية كارلوس بالإذاعة المحلية.

المذيع: صباح الخير، اليوم معنا في الاستوديو كارلوس راموس. هو أستاذ اللغة العربية.. صباح الخير يا أستاذ.
كارلوس: صباح النور.
المذيع: أين تدرّس اللغة العربية؟
كارلوس: أنا أدرّس في معهد اللغات.
المذيع: هل هو مركز خاصّ أم مركز عامّ؟
كارلوس: هو معهد حكومي لتعلّم اللغات المعاصرة.
المذيع: أي لغات تدرّسون في هذا المعهد؟
كارلوس: بشكل عام كل اللغات الأوروبية ولغات أخرى مثل العربية والصينية.
المذيع: نركّز على دراسة العربية وطلابها. من يتعلّم هذه اللغة؟
كارلوس: ليس هناك نوع معين من الطلاب ولكنهم بشكل عام كبار ولكل واحد منهم هدف مختلف. هناك من يدرسها بسبب العمل ومن يدرسها لمجرد المتعة.
المذيع: قلت إنّ هناك من يدرسها بسبب العمل، ماذا تقصد بذلك؟
كارلوس: أريد أن أقول إنّ هناك مهن تقتضي تعلّم العربية، مثلا بين طلابي مدرسون أو رجال أمن أو ممرّضون وأطباء لأنّهم يتعاملون مع العرب.
المذيع: الآن لنتصوّر أنني أهتمّ بالعربية. ماذا أستطيع أن أفعل للدخول في هذا المعهد؟ ما هي الشروط؟
كارلوس: من الضروري أن يكون عمرك أكبر من ١٤ سنة وأن تكون حاصلا على الشهادة الابتدائية.
المذيع: متى تبدأ السنة الدراسية؟
كارلوس: تبدأ في شهر أكتوبر وتنتهي في شهر يونيو. هناك امتحانان، واحد في يونيو والثاني في سبتمبر.
المذيع: شكرا جزيلا على حضورك معنا في الإذاعة.
كارلوس: شكرا لك وننتظركم في معهد اللغات.
المذيع: إن شاء الله.

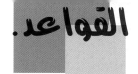

حروف الأبجدية.

اسم الحرف	شكل الحرف				التمثيل الصوتي
	المنفصلة	المتصلة			
		في البداية	في الوسط	في الآخر	
الهمزة	ء	أ / إ	ـؤ/ ـأ / ـئـ	ـأ / ـؤ/ئ	/ ' /
الألف	ا	اـ	ـاـ	ـا	/ɑː/
الباء	ب	بـ	ـبـ	ـب	/ b /
التّاء	ت	تـ	ـتـ	ـت	/ t /
الثّاء	ث	ثـ	ـثـ	ـث	/ θ /
الجيم	ج	جـ	ـجـ	ـج	/dj/
الحاء	ح	حـ	ـحـ	ـح	/ h /
الخاء	خ	خـ	ـخـ	ـخ	/ x /
الدّال	د	دـ	ـدـ	ـد	/ d /
الذّال	ذ	ذـ	ـذـ	ـذ	/ ð /
الرّاء	ر	رـ	ـرـ	ـر	/ r /
الزّاي	ز	زـ	ـزـ	ـز	/ z /
السّين	س	سـ	ـسـ	ـس	/ s /
الشّين	ش	شـ	ـشـ	ـش	/ ʃ /
الصّاد	ص	صـ	ـصـ	ـص	/ˊs/
الضّاد	ض	ضـ	ـضـ	ـض	/ˊd/
الطّاء	ط	طـ	ـطـ	ـط	/ˊt/
الظّاء	ظ	ظـ	ـظـ	ـظ	/ˊð/
العين	ع	عـ	ـعـ	ـع	/ ˋ /
الغين	غ	غـ	ـغـ	ـغ	/ ʁ /

القواعد.

الفاء	ف	فـ	ـفـ	ـف	/ f /
القاف	ق	قـ	ـقـ	ـق	/ q /
الكاف	ك	كـ	ـكـ	ـك	/ k /
اللاّم	ل	لـ	ـلـ	ـل	/ l /
الميم	م	مـ	ـمـ	ـم	/ m /
النّون	ن	نـ	ـنـ	ـن	/ n /
الهاء	ه	هـ	ـهـ	ـه	/ ḥ /
الواو	و	و	ـو	ـو	/ w / /u:/
الياء	ي	يـ	ـيـ	ـي	/ j / /i:/

حروف الصوائت.

	الاسم	الشكل	النطق		الاسم	الشكل	النطق
القصيرة	الفتحة	ـَ	/ ʌ /	الطويلة	الالف	ـا	/ɑ:/
	الكسرة	ـِ	/ ɪ /		الياء	ـيـ/ـي	/i:/
	الضمة	ـُ	/ u /		الواو	ـو	/u:/

	الشكل	النطق
الثنائية	ـَـو	/ɑʊ/
	ـَـي	/ɑɪ/

المعرفة.

١.- بلام التعريف: الـكتاب
٢.- بالإضافة: كتاب الأستاذ / كتابـه

الجنس في الإسم.

علامات التأنيث	
ة	جميلة
اء	شقراء
ـا	دنيا
ى	أخرى

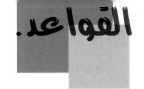

القواعد.

الجمع السالم.

		المفرد	الجمع
المذكر	ـون/ ـين	مهندس	مهندسون/ مهندسين
المؤنث	ـات	مهندسة	مهندسات

النسبة (الجنسية).

من مصر	←	مصريّ	مصريّة
من المغرب	←	مغربيّ	مغربيّة
من سوريا	←	سوريّ	سوريّة

من الجبل	←	جبليّ	جبليّة
من الجامعة	←	جامعيّ	جامعيّة

أسماء الإشارة.

		القريب	البعيد
	المفرد	هذا الولد	ذَلِكَ الولد
المذكر	المثنى	هذانِ الولدان / هذَيْنِ الولدين	ذانِكَ الولدان / ذَيْنِكَ الولدين
	الجمع	هؤُلاءِ الأولاد	أُولائِكَ الأولاد

	المفرد	هذِهِ البنت	تِلْكَ البنت
المؤنث	المثنى	هتانِ البنتان / هتَيْنِ البنتين	تانِكَ البنتان / تَيْنِكَ البنتين
	الجمع	هؤُلاءِ البنات	أُولائِكَ البنات

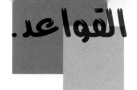

الضمائر.

	الضمائر المنفصلة		
	المفرد	الجمع	المثنى
الغائب	هو	هم	هما
الغائبة	هي	هنّ	هما
المخاطب	أنت	أنتم	أنتما
المخاطبة	أنت	أنتنّ	أنتما
المتكلم/ة	أنا	نحن	نحن

	الضمائر المتصلة		
	المفرد	الجمع	المثنى
الغائب	ـه	ـهم	ـهما
الغائبة	ـها	ـهنّ	ـهما
المخاطب	ـك	ـكم	ـكما
المخاطبة	ـك	ـكنّ	ـكما
المتكلم/ة	ـي/ني	ـنا	ـنا

الإسم المثنى.

إسم + ـَان / ـَيْن
كتاب ← كتابان / كتابين
كلمة ← كلمتان / كلمتين

الإضافة.

إسم + إسم

الباب + البيت ← باب البيت

إسم + إسم + إسم

الباب + البيت + المدرس ← باب بيت المدرس

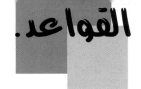

الجملة الاسمية (١).

هو جميل	هم جميلون	هما جميلان
هي جميلة	هنّ جميلات	هما جميلتان
أنت جميل	أنتم جميلون	أنتما جميلان
أنت جميلة	أنتنّ جميلات	أنتما جميلتان
أنا جميل	نحن جميلون	نحن جميلان
أنا جميلة	نحن جميلات	نحن جميلتان

المبتدأ	الخبر
الولد	جميل

الجملة الاسمية (٢).

هو في الغرفة	هم في المطبخ	هما أمام التلفزيون
هي أمام الباب	هن أمام البيت	هما في المدخل
أنت خلف الصوفا	أنتم تحت الشمسية	أنتما على السرير
أنت بين الكرسي والصوفا	أنتن بجانب السيارة	أنتما بين الأولاد
أنا بجانب الخزانة	نحن خلف الطاولة	نحن في الكراج

!	في المطبخ ثلاجة	الثلاجة في المطبخ
	في الصالون كراسي	الكراسي في الصالون

الجملة الاسمية (٣).

له سيارة	لهم سيارة	لهما سيارة
لها سيارة	لهن سيارة	لهما سيارة
لك سيارة	لكم سيارة	لكما سيارة
لك سيارة	لكن سيارة	لكما سيارة
لي سيارة	لنا سيارة	لنا سيارة

للرجل سيارة
لفاطمة سيارة

لِـ + ـي / لِلـ + اسم	←	لي سيارة / للرجل سيارة
لَـ + باقي الضمائر.	←	له سيارة

لـ = عند = مع

الجملة الاسمية (٤).

(اسم + فعل)	
المهندس يذهب	المهندسة تذهب
المهندسون يذهبون	المهندسات يذهبن
المهندسان يذهبان	المهندستان تذهبان

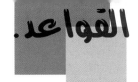

الجملة الاسمية النافية: ليس (٥).

- ليست الطفلة جميلة.
- ليست الطفلة في المدرسة.
- ليست في المدرسة طفلة.
- ليس للطفلة أب.

لَيْسَ مسرور. لَيْسَتْ مسرورة. لَسْتَ مسرور. لَسْتِ مسرورة. لَسْتُ مسرور / مسرورة.	لَيْسُوا مسرورين. لَسْنَ مسرورات. لَسْتُمْ مسرورين. لَسْتُنَّ مسرورات. لَسْنَا مسرورين/ مسرورات.	لَيْسَا مسرورين. لَيْسَتَا مسرورتين. لَسْتُمَا مسرورين. لَسْتُمَا مسرورتين. لَسْنَا مسرورين/ مسرورتين.

ليس في البيت. ليست أمام الباب. لست على المائدة. لست في المكتبة. لست بين الرجلين.	ليسوا خلف الصوفا. لسن بجانب السيارة. لستم في المدخل. لستن أمام التلفزيون. لسنا على الأرض.	ليسا خلف الكراسي . ليستا أمام الأستاذ. لستما في المقهى. لستما في التواليت. لسنا في البيت.

ليس هناك / ليس في الثلاجة عصير.

ليس لي / ليس لك / ليس له ..	ليس لفاطمة وليس للرجل

حروف الجر.

من	إلى	عن	على	في	بـ	لـ	كـ

الفعل.

صيغ الفعل العربي	الماضي: يدل على الزمن الماضي. المضارع: يدل على الحاضر والمستقبل. الأمر: لطلب القيام بالفعل.

الفعل في صيغة الماضي.

	المفرد		الجمع		المثنّى	
الغائب	هو	ـــَ	هم	ـــُوا	هما	ـــا
الغائبة	هي	ـــَتْ	هن	ـــْنَ	هما	ـــتا

	المفرد		الجمع		المثنّى	
المخاطب	أنتَ	ـــْتَ	أنتم	ـــْتُم	أنتما	ـــْتُما
المخاطبة	أنتِ	ـــْتِ	أنتن	ـــْتُنَّ	أنتما	ـــتُما

	المفرد		الجمع		المثنّى	
المتكلم	أنا	ـــْتُ	نحن	ـــنا	نحن	ـــنا
المتكلمة	أنا	ـــتُ	نحن	ـــنا	نحن	ـــنا

الفعل في صيغة المضارع.

يـ

	المفرد	الجمع	المثنّى
الغائب	يـ ـــ	يـ ـون/ ـوا	يـ ـان / ـا
الغائبة	تـ ـــ	يـ ـــن	تـ ـان / ـا

تـ

	المفرد	الجمع	المثنّى
المخاطب	تـ ـــ	تـ ـون / ـوا	تـ ـان / ـا
المخاطبة	تـ ـــين/ ـــي	تـ ـــن	تـ ـان / ـا

أ/ نـ	المفرد	الجمع	المثنّى
المتكلم	أ ___	نـ ___	نـ ___
المتكلمة	أ ___	نـ ___	نـ ___

الفعل في صيغة الأمرهو المضارع الذي قد حذفت تاؤه.

	المضارع	الأمر	المضارع	الأمر
المخاطب	تـ فْعل	ا فعلْ	تـ تكلم	تكلمْ
المخاطبون	تـ فْعلوا	ا فعلوا	تـ تكلموا	تكلموا
المخاطبان	تـ فْعلا	ا فعلا	تـ تكلما	تكلما
المخاطبة	تـ فْعلي	ا فعلي	تـ تكلمي	تكلمي
المخاطبات	تـ فْعلن	ا فعلن	تـ تكلمن	تكلمن
المخاطبتان	تـ فْعلا	ا فعلا	تـ تكلما	تكلما

نكتب "ا" بسبب السكون على الفاء. لو لم يكن السكون على الفاء فلا نكتب الألف لنطق الأمر

الفرق بين النعت والخبر.

النعت ≠ الخبر.		
البيت الصغير جميل.	≠	البيت صغير.
السيّارة الجديدة جميلة.	≠	السيّارة جديدة.

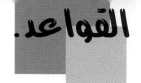

مطابقة النعت بالمنعوت.

أسكن في بيت صغير.
أذهب إلى البيت الصغير.
أشتري بيتا صغيرا.

	منعوت	نعت
الجنس (♂ / ♀)	×	×
معرفة / نكرة	×	×
العدد	×	×
	بيت	صغير

الجملة الفعلية.

فعل + فاعل

جملة اسمية: المدرسون يذهبون إلى المدرسة.

↓

جملة فعلية: يذهب المدرسون إلى المدرسة.

مطابقة الفعل بالفاعل:

يذهب	المدرسون	إلى المدرسة.
فعل	فاعل	
يذهبـــــــــــ	ـــــون	إلى المدرسة.

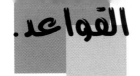

القواعد.

الأرقام: مطابقة العدد بالمعدود.

١ واحد / واحدة	هما نعتان ومطابقتهما مثل مطابقة النعت بالمنعوت
٢ اثنان / اثنتان	

حضر المعرض رجل واحد.
زرت المغرب مرتين اثنتين.

العدد		المعدود
٣	ثلاثة / ثلاث	مذكر/ مؤنث جمع
٤	أربعة / أربع	
٦	ستة / ست	
١٠	عشرة / عشر	

خرجت خمس بنات من المدرسة.
دخل ثمانية تلاميذ المدرسة.

العدد		المعدود
١١	أحد عشر/ إحدى عشرة	مذكر/ مؤنث مفردا
١٢	اثنا عشر/ اثنتا عشرة	
١٣	ثلاثة عشر/ ثلاث عشرة	
١٦	ستة عشر/ ست عشرة	
١٨	ثمانية عشر/ ثماني عشرة	

اشتريت ستة عشر قلمًا في المكتبة.
رسمت الفنّانة أربع عشرة لوحة.

المعدود	العدد	
	عشرون / عشرين	٢٠
	ثلاثون / ثلاثين	٣٠
مفردا	أربعون / أربعين	٤٠
	ستون / ستين	٦٠
	سبعون / سبعين	٧٠
	تسعون / تسعين	٩٠

في الحديقة خمسون نوعًا من الزهور وثلاثة وعشرون نوعًا من الأشجار.
سافرت مع أربعة وثلاثين راكبا في الحافلة.

المعدود	العدد	
	مائة = مئة	١٠٠
	مائتان / مائتين	٢٠٠
	خمس مائة	٥٠٠
مفرد	ثمان مائة	٨٠٠
	تسع مائة	٩٠٠
	ألف	

هذه السنة درس خمس مئةُ طالبٍ في الجامعة
ولدت في السنة ألف وتسع مئة وَسبع وسبعين

الجملة الفعلية المنفية.

تذهب الممرّضة إلى المستشفى.	+	
	↓	
لا تذهب الممرّضة إلى المستشفى.	-	

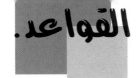

القواعد.

الظروف.

الظرف	لفظيا: ـًا /ʌn/ ـةً /tʌn/	صباح ← صباحا
		لا أحب الصباح. / سأرجع صباحا.
		عادة ← عادةً
		هذه عادة قديمة. / يرجع مع أخته عادةً.
	حرف + اسم	أعمل في المساء.
		أذهب بسرعة.

مطابقة جمع العاقل ومطابقة جمع غير العاقل.

مطابقة جمع العاقل

رجال	كرماء	ليس كل الرجال كرماء
بنات	كريمات	بنات الجارة كريمات
نساء	جميلات	أحب النساء الجميلات
مدرسون	جاهزون	المدرسون جاهزون
جمع	+ جمع	

مطابقة جمع غير العاقل

مدن	حديثة	أنا أحب المدن الحديثة
أوراق	بيضاء	هذه الأوراق بيضاء
بلدان	بعيدة	سأسافر إلى بلدان بعيدة في العطلة
كلاب	كبيرة	عندي ثلاثة كلاب كبيرة
جمع	+ مفرد مؤنث	

أوزان الفعل واشتقاقه.

أوزان الفعل المجرد:		
الماضي	المضارع	المصدر
فَعَلَ	يَفْعِل	ليست هناك قاعدة لتركيبها.
	يَفْعَل	
	يَفْعُل	
فَعِلَ	يَفْعَل	
	يَفْعِل	
فَعُلَ	يَفْعُل	

أوزان الفعل المزيد:		
الماضي	المضارع	المصدر
دَرَّسَ	يُدَرِّس	التَدْرِيس
ساعَدَ	يُساعِد	المُساعَدة
أمْكَنَ	يُمْكِن	الإمْكان
تَكَلَّمَ	يَتَكَلَّم	التَكَلُّم
تَفاءَلَ	يَتَفاءَل	التَّفاؤُل
اِنْفَتَحَ	يَنْفَتِح	الاِنْفِتاح
اِنْتَظَرَ	يَنْتَظِر	الاِنْتِظار
احْمَرَّ	يَحْمَرّ	الاِحْمِرار
اِسْتَيْقَظَ	يَسْتَيْقِظ	الاِسْتِيقاظ

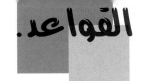

اسم الفاعل.

الأوزان	المضارع	إسم فاعل
I	َيفعَل	فَاعِل
II	يُدرِّس	مدرِّس
III	يُسافِر	مُسافِر
IV	يُمكِن	مُمكِن
V	يَتَكَلّم	مُتكلِّم
VI	يَتفاءَل	مُتفائل
VII	يَنفَتِح	مُنفَتِح
VIII	يَنتَظِر	مُنتَظِر
IX	يَحمَرّ	مُحمَرّ
X	يَستَيقِظ	مُستَيقِظ

اسم المكان.

أسماء المكان هي: مدخل، ممرّ، منزل، مطبخ، مكتب، مغسل، إلخ..

النطق	
المضارع	اسم المكان
يفعُل	مَــَـ
يفعَل	مَــَـ
يفعِل	مَــِـ
جمع اسم المكان	
على وزن: مَفَاعِل	

المضارع	اسم المكان
يدخُل	مدخل
	مداخل

المضارع	اسم المكان
ينـِزل	منزل
	منازل

لا الناهية.

	المفرد	الجمع	المثنى
المخاطب	تأكل	تأكلون	تأكلان
المخاطبة	تأكلين	تأكلن	تأكلان

↓

	المفرد	الجمع	المثنى
المخاطب	لا تأكل	لا تأكلوا ~~(ن)~~	لا تأكلا ~~(ن)~~
المخاطبة	لا تأكلي ~~(ن)~~	لا تأكلن	لا تأكلا ~~(ن)~~

أدوات النفي.

يدلّ على الماضي	يدلّ على الحاضر	يدلّ على المستقبل
ـ ما + الماضي ما درست للإمتحان. ـ لم + المضارع لم تصل الطائرة بعد.	ـ لا + المضارع. لا أتكلم العربية جيدا. ـ ليس ليست العربية صعبة. ـ لا النهي. لا تكتب على الطاولة، يا ولد!.	ـ لن + المضارع. لن أفعل شيئا ضدك.

ـ غير/ عدم هم غير عرب. / الرجاء عدم التدخين.
ـ لا + اسم لا أحد يسكن معي. / لا شيئ في الحقيبة. / لا حول ولا قوة إلا بالله.

ظرف المكان.

أثناءَ	خلالَ	قبلَ
أمامَ	خلفَ	قدامَ
بعدَ	داخلَ	قربَ
بينَ	دونَ	معَ
تحتَ	شرقَ	نحوَ
جنبَ	شمالَ	هنا
جنوبَ	عندَ	هناكَ
حولَ	غربَ	وراءَ
خارجَ	فوقَ	وسطَ

ظرف الزمان.

البارحةَ	حولَ	غدًا
اليومَ	حينَ	قبلَ
أمسِ	خلالَ	قربَ
أول أمسِ	صباحًا	ليلًا
بعدَ	ظهرًا	مساءً
بعدَ غد	عندَ	نهارًا

أدوات الاستفهام.

ما..؟
من..؟
من أين..؟
كيف..؟
أين..؟

هل..؟
أ..؟
ماذا..؟
كم..؟
أيّ..؟

في أيّ..؟
من أيّ..؟
متى..؟
لماذا..؟
لماذا + لا..؟ = لم لا..؟

النافورة.

ملاحظات الدرس.

146

١٤٦

ملاحظات الدرس.

التواريخ المهمة:

_____
_____
_____
_____
_____
_____
_____
_____
_____
_____

مواقع الانترنت المفيدة:

_____
_____
_____
_____
_____
_____
_____
_____
_____
_____
_____
_____

DAR LOUGH.
Centro Inter-Cultural de Idiomas

دار اللغات

Vive el árabe en Marruecos ..

Marruecos .. a un paso

Live the Arabic language and culture

in Morocco

venez vivre et découvrir

la culture et la langue arabes

Excelente ubicación
Fechas de comienzo flexibles
Enseñanza de alta calidad
Profesores apasionados
Ambiente internacional (con alumnos de más de 20 países)

Excellent location
Flexible start dates
High quality educational services
Passionate teachers
International atmosphere
...

WWW.CCLC-MOROCCO.ORG